Udo Moll
Insel der unbegrenzten Unmöglichkeiten
Meine Jahre auf Teneriffa

Meiner Frau in Dankbarkeit für die herrliche
Zeit auf „unserer Insel"

Udo Moll

Insel der unbegrenzten Unmöglichkeiten

Meine Jahre auf Teneriffa

Der erste Schritt...

D as größte Abenteuer unseres Lebens begann mit einer fröhlichen und für uns gleichzeitig denkwürdigen Silvesterfeier vor nahezu 30 Jahren. Dieses besondere Datum passte auf eine nicht minder besondere Art und Weise zu unserer damaligen Situation. Wir hatten nämlich etwas sehr Seltenes zu feiern: das Wahrwerden eines Traums, der nur für ganz wenige Erdenbürger tatsächlich in Erfüllung geht.

Natürlich galt es vordergründig, wie alle Jahre wieder, das alte Jahr unter Anwendung diverser Alkoholika feuchtfröhlich und gebührend zu verabschieden sowie das Neue mit einem Glas noblen Champagners feierlich zu begrüßen, verbunden mit allerlei guten Wünschen und ebensolchen Vorsätzen für die Zukunft. Viel wichtiger aber war es für uns, unser bisheriges, altes Leben krachend zu verabschieden und auf einen völlig neuen Daseinsabschnitt anzustoßen. Wir würden nämlich in wenigen Tagen unser Auto beladen und nach Teneriffa fahren, und zwar auf immer und ewig. Letzteres glaubten und hofften wir damals ganz fest und von ganzem Herzen.

Unser Silvester- und Neujahrsaufenthalt in dem gemütlichen Gasthaus im Hochschwarzwald war in diesem Zusammenhang allerdings nicht nur eine willkommene Abwechslung zum Jahreswechsel, sondern auch eine unvermeidliche Notwendigkeit. Einerseits natürlich, um von einigen lieben Menschen in behaglicher Atmosphäre angemessen und gebührend Abschied zu nehmen. Andererseits jedoch insbesondere deswegen, weil wir schlichtweg über keine andere menschenwürdige Bleibe mehr verfügten. Wir befanden uns nämlich sozusagen in einem geradezu überhasteten Aufbruch. Es war aber beileibe nicht etwa unsere Ungeduld, die uns dazu veranlasste, alles stehen und liegen zu lassen, um endlich ohne Umschweife und auf schnellstem Weg ins gelobte Land aufzubrechen. Nein, Schuld daran war unser geliebtes Haus, welches wir vor unserer Auswanderung nach Teneriffa allen Wehmutsgefühlen zum Trotz verkaufen mussten, um genügend Kapital für das Abenteuer einer Auswanderung zu generieren. Und als endlich ein Kaufinteressent zu unseren Bedingungen angebissen hatte, half kein seelisches Wehklagen mehr.

Auf eben diese Weise hatte sich fast unbemerkt jene gewisse Überstürzung in unseren herbeigesehnten Neuanfang hineingeschlichen, obwohl wir eigentlich alles akribisch geplant hatten. Seit sich der Container mit unserem gesamten Hab und Gut auf den Weg nach Bremerhaven gemacht hatte, standen wir urplötzlich, innerhalb nur eines halben Tages, in unserem restlos leergeräumten Haus, von unserem Nachfolger noch notdürftig für einige wenige Tage geduldet. So sah die raue, aber bis hierhin trotzdem noch erträgliche Wirklichkeit nun einmal aus.

Die zur Überbrückung planmäßig und provisorisch ausgebreiteten Luftmatratzen halfen in dieser

Situation aber leider kaum weiter, denn der neue Hausbesitzer setzte noch ein delikates Detail oben drauf und warf damit sogleich unser erstes Planziel komplett über den Haufen. Er hatte nämlich nichts Eiligeres zu tun, als die Heizungsanlage abzuschalten, als wir über das Wochenende vor Silvester, also einen Tag nach dem Verkauf, zu Freunden verreist waren. Das kommt davon, wenn man großzügiger Weise die alleinige Schlüsselgewalt bereits freiwillig vor dem notariell vereinbarten Stichtag gutgläubig aus der Hand gibt. Der äußerst rüstige ältere Herr, ein im Ruhestand befindlicher Freiburger Geschäftsmann mit seiner kränklichen Ehefrau und einem ebenso anmutenden Dackel, war zwar seiner Sprache nach ein waschechter Südbadener, aber mit seinem Sparsamkeitsfimmel hätte er ganz locker jeden Erzschwaben in den Senkel gestellt. Eigentlich wollte er ja nur vorab schon einige kleinere Sachen in seinem Auto vorbeibringen, wie er glaubwürdigst versicherte. Als er aber bei der Gelegenheit ein wohltemperiertes leeres Haus antraf, knallten bei ihm offensichtlich sämtliche Sicherungen durch. So kam es also mehr oder weniger zwangsläufig zu der unvergesslichen Silvesterparty im verschneiten Hochschwarzwald und dem überhasteten Aufbruch zu unserer Trauminsel.

Wir hatten zuvor natürlich schon viele Urlaube in mediterranen Gefilden verbracht und die unendlichen Annehmlichkeiten des dortigen Klimas sowie deren offenkundigen Zusammenhang mit der entspannten Lebensart der Einheimischen gebührend genossen und schätzen gelernt. Aber jedes Mal, wenn sich unsere dreiwöchige Jahresration an Wärme und stahlblauem Himmel ihrem Ende zuneigte, stellte sich dieser schon fast vertraute, schier unerträgliche Katzenjammer zum Abschied ein. Es zog vor dem geistigen Auge bereits die undurchdringliche graue Wolkendecke mit aller Macht auf, wie sie den größten Teil des Jahres unsere Heimat verschleiernd überdeckt. Die Stimmung und das innerste Wohlbefinden sanken regelmäßig auf ein absolutes Mindestmaß ab. Zu allem Überfluss steuerte in diesem Moment das bereits wartende Dreigestirn aus Stress, Hektik und weitgehend fremdbestimmtem Alltagsdasein noch heftig beschleunigend zum Absturz des Stimmungsbarometers bei. Man war annähernd den Tränen nah, ein Zustand, der, wieder zurück daheim, regelmäßig noch einige Tage anzuhalten pflegte.

Diesem auf die Dauer unerträglichen Dasein, so schworen wir uns immer und immer wieder, würden wir eines schönen Tages ein endgültiges Ende bereiten. Dann nämlich, wenn wir für ganz nach Mediterranien zurückkommen und nicht nur zu einer von den heimatlichen Regularien vorgeschriebenen Kurzkür. Nach unserem letzten Winteraufenthalt auf Teneriffa war es dann endlich endgültig um uns geschehen. Jeden Morgen hatte die Sonne in unser Schlafzimmer geschienen und uns geweckt. Frühere Urlaubsfotos, die wir zu Hause so oft sehnsuchtsvoll betrachtet hatten, waren wieder mal mit aller Macht Realität geworden. Nun ging es plötzlich ganz schnell, uns definitiv zu entscheiden. Schon allein die Erfahrung, mitten im Februar in kurzen Ärmeln herumlaufen und im Meer baden zu können, hatte ihre Wirkung nicht verfehlt. Winter ade, scheiden tut überhaupt nicht weh!

Diese Jahreszeit war mir zu keinem Zeitpunkt meines Lebens wirklich sympathisch vorgekommen, ich empfand sie schon immer eher als äußerst unangenehm, als notwendiges Übel sozusagen. Sicherlich kann es sehr schön und romantisch sein, wenn Schneeflocken vom Himmel schweben und der Landschaft ein blütenweißes Gewand verleihen. Aber, diese Frage sei erlaubt, wo gibt es denn schon eine so geartete Winterlandschaft? In aller Regel fällt der mitteleuropäische Schnee auf Städte, Industrieanlagen und Verkehrswege, wo er mit allen Mitteln bekämpft wird und sich sofort in eine widerwärtig anzusehende Tausalzmatsche verwandelt, noch bevor die ersten Schulkinderhände früh morgens einen sauberen Schneeball formen können. Um Winter wirklich zu erleben, müsste die überwiegende Mehrheit der Menschen zuerst einmal einen spürbaren Ortswechsel vornehmen, anstatt dem eingefahrenen Alltagstrott zu folgen. Es sei denn, man würde sich den städtischen Winter wider besseres Wissen schönreden, um ihn einigermaßen ertragen zu können. In der Psychologie pflegt man solche Art von denksportlichen Verrenkungen mit dem vielsagenden Terminus der kognitiven Dissonanzenreduktion zu belegen.

Außerdem gingen mir die argwöhnisch und mit Akribie von allen Nachbarn inspizierten Schneeschaufelorgien in aller Herrgottsfrühe unsagbar auf den Keks, zumal ich schon immer ein notorischer Langschläfer bin. Was also sollte mir ein solcher Winter Angenehmes bieten? Die Skifahrerinvasionen an den Wochenenden waren auch nicht unbedingt mein Ding, zumal die so hervorgerufenen Umweltschäden schon damals längst haarsträubende Formen angenommen hatten. Und über die himmelhoch jauchzenden Heizkosten möchte ich mich gar nicht erst weiter äußern! Langwierige Diskussionen über die Fürs und Wider einer Auswanderung hatten wir in der Vergangenheit schon an ungezählten Winterabenden geführt. Jetzt endlich überlegten wir wirklich nur ganz kurz. Teneriffa war unser Ding. Das mollochartige Touristenzentrum von *Playa de las Américas* inmitten einer wüstenhaften Umgebung hatte uns überhaupt nicht gefallen. Aber der gigantische, im Winter schneebedeckte Vulkankegel des *Pico del Teide*, der Riesenkrater von *Las Cañadas*, die immergrüne Nordseite der Insel und die riesigen Waldgebiete oberhalb der bewohnten Zone: Das war schon eine atemberaubende Draufgabe zu dem herrlichen Klima eines immerwährenden Frühlings. Im direkten Vergleich war deutsches Winterwetter nun wirklich keine echte Alternative mehr! Hätten wir allerdings damals schon gewusst, welch harte Zeiten auf dieser schönen Ferieninsel auf uns zukommen sollten, hätten wir unseren Entschluss womöglich doch nicht in die Tat umgesetzt. Aber zum Glück hatten wir überhaupt nicht die Spur von Argwohn.

„Was tun, sprach Zeus"

Unser Entschluss, in ein gänzlich neues Leben einzusteigen – Schwarzseher würden hier möglicherweise eher von aussteigen sprechen – wäre natürlich viel zu unbedarft gewesen, wenn wir im Vorfeld unserer Migration lediglich über die Auswechslung unseres Habitats nachgedacht hätten, ohne die beruflichen, sprich essentiellen Konsequenzen gewissenhaft zu überdenken. Schließlich befanden wir uns damals noch in weiter Ferne vom rettenden Ufer einer sicheren Altersrente, die einen derartigen Ortswechsel selbstverständlich wesentlich vereinfacht hätte. Aber wir wollten die restlichen 20 Jahre bis dahin auf keinen Fall abwartend und somit eben nutzlos verstreichen lassen. Wer zu spät kommt, den bestraft das Leben. So lautete damals eine in höchstem Maß ermunternde und vermutlich auch zutreffende Aufforderung aus berufenem Munde.

Wie es der Zufall wollte, beantwortete sich die unausweichliche Frage, wie wir denn im Falle einer Auswanderung auf der Insel überhaupt unser tägliches Brot verdienen könnten, beinahe schon von selbst. Man mag es ja kaum glauben, dass wir ausgerechnet diese schwierigste aller Fragen, die finale Gretchenfrage eben, binnen weniger Minuten vom Tisch

hatten. Es war in etwa so, wie wenn man der Traum-
frau – von Irenes Warte aus entsprechend dem
Traummann – seines Lebens begegnet und sich auf
den ersten Blick Hals über Kopf bis über beide Ohren
verliebt. So und nicht anders war das damals, und es
ging uns beiden wirklich gleich! Eine derartige Fügung des Schicksals, noch dazu in einem solchen
Kontext, ist schon sehr ungewöhnlich und deshalb
auch sicherlich selten, weshalb natürlich die näheren
Einzelheiten nach Aufklärung verlangen.

Die alles entscheidende Initialzündung bescherte uns
eine von mehreren unendlich eindrucksvollen Entde-
ckungsfahrten, die wir während unseres letzten Tene-
riffaurlaubs zwecks Erkundung der Insel per Miet-
auto unternahmen. Wir hatten den Gebirgsort *Vilaflor*
erreicht, Spaniens höchstgelegenes Dorf. Durch den
abseits der Durchgangsstraße gelegenen Ortskern mit
seiner malerischen alten *Plaza* erreichten wir alsbald
die Untergrenze eines geschlossenen Waldgebietes,
welches die gesamte Höhenstufe zwischen 1.000 und
2.200 Metern rings um den Sockel des *Pico del Teide*
herum einnimmt. Diese riesigen Wälder waren einst
schon von Natur aus vorhanden, wurden aber während des Zuckerbooms im 16. Jahrhundert als willkommene Energiequelle für die wie Pilze aus dem
Erdboden schießenden Zuckersiedereien fast gänzlich abgeholzt. Erst unter General Franco, der als
Oberkommandierender der Provinztruppen auf die
Kanaren strafversetzt worden war, begann ab den
dreißiger Jahren des vorigen Jahrhunderts zum Glück
die planmäßige Wiederaufforstung des damals von
der Bildfläche verschwundenen Waldgürtels.

Die Wälder der trockenen Höhenstufe bestehen sowohl auf der Süd- als auch auf der Nordseite der Insel ausschließlich aus einer einzigen Baumart, und zwar aus der einheimischen Kanarischen Kiefer. Sie ist der einzige Baum, der dem fast alles ausdörrenden Trockenklima in dieser Zone widerstehen kann. Ein wahres Naturwunder!

Diese Kiefernart hat es im Lauf ihrer Evolution verstanden, sich auf die extremen Bedingungen der Vulkaninseln hochgradig zu spezialisieren. Immerhin muss sie neben der Trockenheitsresistenz noch mindestens zwei weitere Eigenschaften besitzen, um hier überleben zu können: Waldbrandresistenz wegen der häufigen Vulkanausbrüche und die Fähigkeit, notfalls ohne jeglichen Boden auf frischen Lavaströmen auskommen zu können.

Mit diesem Hintergrundwissen ausgerüstet, war die Fahrt in den Kiefernwald ein wahrhaft spannendes Erlebnis. Wir beobachteten anhand der schwarz gefärbten Baumstämme, dass gut die Hälfte aller Bäume tatsächlich schon mindestens ein Mal in ihrem Leben gebrannt hatten, und zwar nicht durch vulkanische Einwirkungen, sondern durch die Unachtsamkeit mancher Zeitgenossen. Die Kiefern lassen in einem solchen Fall einfach ihre Nadeln fallen und schlagen wenig später erneut aus, so, als ob nichts gewesen wäre! Das macht diesen dreinadeligen Giganten kein anderer Nadelbaum nach.

Wir fanden auch auf Anhieb mehrere Stellen, an denen der Wald direkt auf nackter Lava steht. Die Pfahlwurzeln der Kanarischen Kiefern dringen entlang von Gesteinsklüften in die Tiefe und finden einfach irgendwo weiter unten einen fossilen Bodenhorizont, der sich irgendwann vor dem jüngsten Lavaerguss während einer länger währenden vulkanischen Ruhepause gebildet hatte!

Hier oben waberten unablässig die von weiter unten gesichteten Passatnebel durch die Wipfel der stattlichen Baumriesen, von denen einige aus früheren Jahrhunderten übrig gebliebene Exemplare über 60 Meter hoch sind! Wir konnten hautnah beobachten, wie die Kanarenkiefern der extremen Trockenheit trotzen, indem sie sozusagen zur Selbsthilfe greifen. Sie kühlen ihre bis zu 30 Zentimeter langen Nadeln durch Verdunsten von Feuchtigkeit permanent auf Temperaturen ab, die deutlich unter denen der umgebenden Luft liegen. Auf diesen kühlen Flächen kondensieren sofort feinste Wassertröpfchen, sobald die Passatnebel an den Nadeln vorbeistreichen. Unter jedem Baum entsteht auf diese Weise ein ausgiebiger Tropfenregen, der ganz erheblich mehr Sickerwasser liefert, als die Kiefer beim Verdunsten abgibt. Der Überschuss ist so groß, dass sogar Teneriffas Trinkwasserreserven auf diese Weise permanent nachgefüllt werden. Man hat herausgefunden, dass eine ausgewachsene Kiefer sage und schreibe an die 1.500 Liter pro Jahr in den Grundwasserkreislauf der Insel einspeist!

Wir hatten unter einer besonders großen Kiefer angehalten. Ihre Wassertropfen prasselten nur so auf das Autodach, obwohl es wirklich nicht regnete. An der steilen Böschung sahen wir, dass der Boden im Umkreis des Baumes mehrere Meter tief wasserdurchtränkt war, während dort, wo die Baumkrone nicht hinreichte, alles völlig ausgedörrt war. In diesem Moment der natürlichen Stille hörten wir plötzlich völlig unpassendes lautes Gegröle, gepaart mit dem Geräusch von aufheulenden Automotoren. Wenige Augenblicke später tauchten aus einer hier in die Asphaltstraße einmündenden Waldpiste zehn bis zwölf offene Geländewagen auf, die alle bis zum Rand mit lautstarken Touristen vollgepackt waren. „Jeep Safari" stand in großen Lettern auf den Türen der Autos. Es mochten an die 70 oder 80 leicht geschürzte, in der kühlen Höhenluft halb erfrorene Gestalten gewesen sein, die sich dem zweifelhaften Vergnügen hingaben, der in ihrer Ruhe besonders schönen Natur der Insel mit Dieselabgasen, über Bord geworfenen Bierdosen und Zigarettenschachteln sowie ohrenbetäubendem Lärm zu Leibe zu rücken. In einem der vorderen Wagen stand zu allem Überfluss ein primitiv aussehender Kerl mit einer riesigen Videokamera, der das muntere Treiben unentwegt auf die Kassette bannte. Daran, dass sich die hochsommerlichen Strandtemperaturen mit zunehmender Höhe auch auf Teneriffa – zumindest im Winterhalbjahr – glatt in das Gegenteil verwandeln können, denken diese Leute bei der morgendlichen Abfahrt erst gar nicht. Abenteuer fordern eben ihren Tribut und wollen erst einmal durchstanden werden.

Natürlich dämmerte uns sogleich, was hier ablief. Clevere Geschäftsleute hatten offensichtlich akribisch in *Las Américas* recherchiert und dabei herausgefunden, wie leicht sich die breite Touristenmasse mit trivialen Abenteuerversprechungen für einen Tag gegen ein stolzes Entgelt vom ansonsten so geliebten

11

Strand weglotsen lässt. Und unterwegs, während der obligaten Mittagseinkehr, führte der Kameramann unter Garantie den Videokalauer der versammelten Touristenhorde vor. Kein Wunder also, dass im Anschluss an eine solche Vorstellung die Videokassetten wie warme Semmeln teuer verscherbelt wurden.

Während wir uns so unsere Gedanken über die Jeepfritzen machten, kam mir plötzlich die zündende Idee. Die Antwort auf die Gretchenfrage, was wir auf Teneriffa beruflich ohne großen Kapitaleinsatz unternehmen könnten, um unsere Brötchen zu verdienen. Es müssten doch auf der Insel auch Menschen ihren Urlaub verbringen, überlegte ich, die abseits von Strandleben und Hully-Gully anspruchsvollere Interessen haben. Beispielsweise den Wunsch, die außergewöhnlich vielseitige Inselnatur unter der Führung von einschlägig ausgebildeten Fachleuten intensiv und tiefschürfend kennenzulernen, um etwas Erbauliches aus dem Urlaub mit nach Hause nehmen zu können.

Eine solche Aufgabe wäre für Irene und mich doch wie geschaffen! Schließlich hatten wir beide aus innerer Überzeugung Geographie studiert, genau das richtige Fach für ein solches Unternehmen. Außerdem fahren wir für unser Leben gerne Auto, besonders in abgelegenen Gegenden, vornehmlich auf Pisten in unwegsamen Gebirgen. Je einsamer, desto besser. Das hatten wir schon in den chilenischen Anden und in den Wüstenrandgebieten Nordafrikas schätzen gelernt. Und hier auf Teneriffa boten sich damals abseits der Asphaltstraßen vergleichbare Bedingungen, wie wir sofort feststellten, als wir die Routen der

Jeep-Safari testhalber unter die Räder unseres Miet-
autos nahmen.

Allein auf einer kurzen Strecke von nur fünf Kilometern hätten wir dem naturkundlichen Laien notfalls
über zwei Stunden lang interessante Beobachtungen
über Klima, Vegetation, Vulkanismus, Wasserversor-
gung oder Wirtschafts- und Siedlungsgeschichte der
Inselsüdseite zeigen können. Und dazu eine grandiose
Gebirgslandschaft mit Nebelschwaden, die sich alle
paar Augenblicke mit einem tiefblauen Himmel ab-
wechselten, wie er für die Hochlagen des Südens so
typisch ist. Rechts von uns, weit draußen im nicht
minder blauen Atlantik, erkannten wir die Gebirge
von *Gran Canaria*, und links, hoch über uns, schaute
der schneebedeckte Gipfel des *Pico del Teide* gerade
eben über den Kraterrand von *Las Cañadas*. Die Passatwolke lag wie ein Wattebausch über den Wäldern,
und nur einzelne kleine Aufwölbungen ihrer Obergrenze bestrichen dann und wann die Piste, die wir
befuhren, um sich gleich darauf wieder aufzulösen.
Ein faszinierendes, absolut geräuschloses Natur-
schauspiel.

Mir war damals klar, dass nur ein ganz geringer Pro-
zentsatz der Menschheit für solche Dinge empfäng-
lich ist. Glücklicherweise! Deshalb schätzte ich mangels weiterführender statistischer Unterlagen ganz
vorsichtig, dass doch sicherlich ein einziges Prozent
der damals jährlich schon über zwei Millionen Inselbesucher deutscher und britischer Herkunft theoretisch geneigt sein könnte, sich einer naturkundlichen
Inselrundfahrt im Minibus zusammen mit nur sechs
oder sieben Gleichgesinnten anzuschließen.

Rein rechnerisch zeichnete sich für uns folgerichtig ein Geschäftsmodell ab, auf dessen Grundlage sich ganz bestimmt ein vorzeigbares Einkommen erzielen lassen sollte. Die Zahlen ließen auch den Schluss zu, dass dieses Modell auf jeden Fall genügend Sicherheitsreserven beinhaltete, falls sich unbekannte Hindernisse auftun würden.

Menschen, die nicht unbedingt viel von Strandleben und der damit in aller Regel verbundenen touristischen Gettoatmosphäre einer Retortengroßstadt aus Hotelbauten halten, können trotzdem oder gerade auf Teneriffa all das in großer Fülle finden, was sie eigentlich suchen und brauchen. Es muss nur jemand da sein, der es ihnen zeigt: hohe Urlaubs- und Lebensqualität in überwältigend schöner Natur, zugleich aber bei Bedarf auch ein "Bad" in der Großstadt, traditionsverbundene Einheimische, ein landschaftliches Kontrastprogramm von annähernd kontinentalen Ausmaßen, zusammengedrängt auf der Fläche einer überschaubaren Insel, ein klimatisches Spektrum vergleichbar demjenigen zwischen Oslo und Agadir, gleichzeitig aber auch das gesündeste Klima der Welt in den Küstenbereichen, wo ganzjährig frühlingshafte bis sommerliche Witterungsbedingungen herrschen.

Eben genau eine solche Klientel, welche diese Seiten ihrer Urlaubsinsel sucht, gibt es mit Sicherheit auf Teneriffa, wenn auch in wesentlich kleinerer Anzahl. Davon waren wir absolut überzeugt. Unsere Migrationspläne nahmen deshalb ab jetzt ganz konkrete Formen an. Wir waren seit jenem Tag wie besessen von dem Gedanken, unserer deutschen Heimat Lebewohl zu sagen.

Heute, im Rückblick auf jene Tage der Entscheidung, wissen wir, dass wir gut daran getan haben, den Weg ohne Rückkehr wirklich schnell und entschlossen zu beschreiten. Man erkennt die verborgenen Risiken einer Emigration nämlich niemals vorab, von der sicheren Basis der Heimat aus, selbst wenn man alle Unsicherheitsfaktoren auch noch so lange und noch so sorgfältig prüft. Man hätte sich selbstverständlich erheblich leichter getan, wenn es damals schon das weltweite Netz gegeben hätte, aber der berühmte grüne Tisch allein reicht dennoch niemals aus. Man verliert an dieser Stelle lediglich wertvolle Zeit und womöglich überhaupt den Mut auszuwandern. Die echten Interna offenbaren sich nämlich erst dann, wenn man nicht mehr nur theoretisch, so wie auf einer Reise, sondern praktisch am Zielort tätig wird. Und dieses Risiko kann dann allerdings trotz sorgfältiger Recherchearbeit ganz schön bedrohlich werden! Diese Erfahrung machte selbstverständlich auch vor uns nicht Halt. Allerdings waren wir stets bemüht, die Hindernisse mit Humor und einiger Phantasie aus dem Weg zu räumen oder zu umschiffen, wenngleich ein solcher Umgang mit den Unbilden des Alltags nicht immer so ganz leicht war. Aber immerhin spielte uns das Wetter so gut wie (fast) immer in die Karten.

Endlich geht es los

Drei Tage nach unserer Silvesterfeier hatten wir das Auto fix und fertig beladen mit den notwendigsten Dingen, die man für eine längere hausratlose Übergangsphase vermutlich brauchen würde. Der Kofferraum samt Innenraum des Wagens erwies sich leider als viel zu klein, so dass noch ein Dachgepäckträger herhalten musste.

Wir konnten plötzlich Empathie für unsere türkischen Mitbürger empfinden, wenn sich diese mit ihren Autos in Richtung Bosporus auf den Weg machten. Zwar war der Zweck ihrer Reisen doch ein ganz anderer, aber irgendwie war unser Trip zur Straße von Gibraltar doch vergleichbar. Lediglich unser Auto war viel kleiner. Uns genügte ein Ford Escort. Ein Lieferwagen des Typs Ford Transit wäre wahrhaftig zu viel des Guten gewesen. Unwillkürlich musste ich beim Anblick unseres reisefertigen Autos an die Scherzfrage denken, woran man denn wohl ein türkisches Flugzeug erkennt. Auf den Dachgepäckträger kommt man nicht so leicht!

Wir warfen noch einen letzten wehmütigen Blick auf unser geliebtes Haus zurück und registrierten den zum Abschied winkenden Käufer vor lauter Trauer fast gar nicht. Aber dieses doch sehr belastende

Stimmungstief währte zum Glück nicht lange, denn mit zunehmender Entfernung rückte unser Traumziel Teneriffa langsam aber sicher unaufhörlich näher. Es lagen jedoch insgesamt sage und schreibe 3.875 Kilometer vor uns, 1.375 davon mit der Fähre von *Cádiz* nach *Santa Cruz de Tenerife*. Das Flugzeug wäre für eine so lange Reise sicherlich das bequemere, schnellere und auch preisgünstigere Transportmittel gewesen. Aber dagegen sprachen dennoch handfeste Gründe. Nicht nur, dass wir zu viele Dinge mitnehmen mussten. Wir brauchten ja schließlich am Ziel auch ein Auto. Und unser Ford war fast neu. Sein Verkauf in der Heimat hätte uns zu viel Verlust eingebracht, und wer weiß, ob wir auf Teneriffa so einen guten Gebrauchten überhaupt finden würden!

Außerdem, und das war das Allerwichtigste, ein Auto liefert etwas Wunderbares, so etwas wie ein Entdeckungsabenteuer, was das Flugzeug niemals bieten kann: Es lässt während der gesamten Fahrt die ganze Spannweite der enormen Entfernungen mit dem kompletten Spektrum zahlreicher hochinteressanter Landschaftswechsel Stück für Stück und etappenweise an Fahrer und Mitfahrer vorbeidefilieren.

Immerhin führte uns unsere Reise von den gemäßigten Breiten Mitteleuropas bis in die südlichsten Subtropen, genauer gesagt aus unserer heimatlichen Westwindzone durch den gesamten Bereich des Mittelmeerklimas bis in die südwärts anschließende Passatzone hinein. Die Tropen liegen im Zielgebiet dann schon in greif- und spürbarer Nähe! Für uns Geographen war eine solche Reiseroute also ein ganz besonderer Leckerbissen.

Die Geographie besitzt in unserem Leben ohnehin einen ganz besonderen, unverrückbaren Stellenwert, denn schließlich war sie es, die uns vor vielen Jahren auf gar sonderbarste Weise zusammengeführt und fürderhin untrennbar zusammengeschweißt hat. Ich hatte mich weiland gerade zum Diplomexamen angemeldet. Mein Professor war der Meinung, ich solle meine Arbeit im Doktorandenzimmer schreiben. Dort, so sagte er, sei es ruhiger als im umtriebigen Arbeitsraum für Staatsexamenskandidaten. Mein schüchterner Protest verhallte ungehört. Er duldete keine Widerrede und begleitete mich höchstpersönlich in besagte Räumlichkeit. Drinnen, in der letzten Reihe, saß lediglich eine junge Dame. Der Herr Professor stellte uns kurz gegenseitig vor und ließ mich anschließend allein mit Fräulein Fink im Streberzimmer zurück.

Ich suchte mir ganz vorne einen Platz aus und tat so, als ob ich arbeitete. Nach etwa 20 Minuten wollte ich mich dann eigentlich heimlich davonmachen, um zur Feier der mutigen Prüfungsanmeldung im Schubertstübchen das ein oder andere Bierchen zu trinken. Aber dazu kam ich an diesem Tag nicht. Ich hörte hinter mir ein zischendes Geräusch. Als ich mich umdrehte, sah ich, dass Fräulein Fink gerade eben eine Flasche Pils geöffnet hatte. Sie fragte mich mit offenkundig amüsierter Stimme, ob ich auch ein Bierchen trinken wolle.

Auf meine Frage hin, ob sie denn noch eine Flasche habe, lehnte sie sich, jetzt noch viel amüsierter, mit dem Stuhl zurück und schob hinter sich einen Vorhang beiseite. Und siehe da: Dahinter waren drei

Kästen Riegeler Bier fein säuberlich aufgestapelt! Irene betrieb nämlich zusammen mit Bibliothekar Lange einen schwunghaften Handel auf dem Geographenstockwerk. Jeder einschlägige Student außer mir wusste das und konnte hier zum Preis von 50 Pfennig seinen Bedarf decken.

Jetzt aber verließen wir, gemeinsam auf dem Weg nach Teneriffa, morgens gegen sieben Uhr die Stadt *Mérida*, wo wir in einem zwar gesichtslosen, aber sehr ordentlichen Hotel übernachtet hatten. Bis hierher war unsere Fahrt planmäßig und ohne besondere Vorkommnisse verlaufen. Aber an diesem Morgen erlebten wir eine große Überraschung: Stellenweise lag dicker Raureif auf der Straße und zwang uns, äußerst vorsichtig und sehr verhalten zu fahren. Wir wussten, dass es im Landesinneren der Iberischen Halbinsel trotz der südlichen Lage ziemlich kalt werden kann. Jetzt erlebten wir, wie kalt wirklich. Wie daheim in Deutschland nämlich! Sollten wir auf den letzten 300 Kilometern bis *Cádiz* womöglich noch unsere Fähre verpassen?

Die Reifglätte würde vermutlich erst bei *Sevilla* aufhören, da im Mündungsdelta des *Río Guadalquivir*, ähnlich wie in der benachbarten, zu Portugal gehörenden *Algarve*, selbst im Hochwinter frühlingshafte Temperaturen herrschen. Bis dahin fehlten immerhin noch fast 200 Kilometer.

Unsere Sorge erwiess sich zum Glück als unbegründet, denn schon mit den ersten Sonnenstrahlen löste sich die Straßenglätte in Wohlgefallen auf. Ein stahlblauer südlicher Himmel wölbte sich über der schier endlosen Hügellandschaft, in welcher sich unüberschaubar große Steineichenbestände parkartig ausbreiteten, die weiter südlich schließlich von riesigen Olivenplantagen abgelöst wurden. Wir befanden uns endlich im mediterranen Klimabereich. Ab *Sevilla* wurde es für unsere Begriffe geradezu sommerlich. Wir mussten unsere dicken Pullover ausziehen. Die Autoheizung war ohnehin schon lange aus. Der Fährhafen von *Cádiz* war damals noch perfekt getarnt, denn es gab keinerlei Hinweisschilder in der gesamten Stadt, deren Meeresfront alles andere als klein und behaglich ist. Ortsunkundige Autofahrer mit Ziel *Islas Canarias* traten ganz offensichtlich noch kaum merklich in Erscheinung, so dass das Anbringen von Schildern wohl kein besonders vordringliches Projekt war. Diesen Umstand werteten wir quasi als Beweis dafür, dass wir bereits in unserer neuen Welt angekommen waren. Jedenfalls waren die zwei befragten Passanten sowie ein ebenso interviewter Polizist außerordentlich hilfsbereit und verständnisvoll.

Wir waren trotz der anstrengenden Autofahrt und der kurzen Nachtruhe bei allerbester Laune, denn jetzt konnte nichts mehr schiefgehen. Keine 30 Meter vor uns stand unsere Fähre, die *Manuel Soto*. Man erkannte schon rein äußerlich an den zahlreichen Beulen und Rostflecken, dass der Kahn eigentlich total fertig war, was sich später im Inneren in Gestalt von abgewetzten Teppichböden, speckigen Sitzmöbeln, verstopften Waschbecken, einer laut schlagenden Kurbelwelle und vielen anderen Details bestätigte. Der Pott gehörte eigentlich längst ausgemustert. Aber dies geschah erst zwei Jahre später, nachdem die

Manuel Soto während des Golfkriegs als Truppentransporter eingesetzt worden war.

In Spanien gehen die Uhren eben erheblich anders und vor allem viel langsamer als in Deutschland. Dieser feine Unterschied war für mich, der ich ein geborener Hektiker war, jahrelang äußerst gewöhnungsbedürftig, obwohl doch ein großer Teil der für uns so beneidenswerten spanischen Lebensqualität auf diesem Umstand beruht. Trotz meiner damals noch typisch deutschen Unkenrufe verlief die 48stündige Seereise vor die Tore Westafrikas geruhsam und problemlos. Die meisten Passagiere lagen zwei Tage lang im Deckstuhl und genossen die lachende Sonne, während wir es uns größtenteils an der Poolbar gemütlich machten, das eine oder andere Bierchen tranken und dabei abwechselnd lasen oder die balgenden Kinder im Plantschbecken beobachteten.

Zu weiteren Aktivitäten war ich nach der anstrengenden Autotour nicht bereit. Nur einem Gedanken hing ich immer wieder nach: Würde es uns gelingen, von null auf hundert in Rekordzeit so viel Spanisch zu lernen, dass wir bald schon in der Lage sein würden, unsere geschäftlichen Anliegen in die Hand zu nehmen und zu bewältigen? Wir haben beide das Abitur und besaßen somit langjährige Erfahrungen im Erlernen von Fremdsprachen. Aber wenn ich die Leute um mich herum mit stakkatoähnlicher Geschwindigkeit ratschen hörte, kamen mir doch erhebliche Zweifel. Aber alles Grübeln half jetzt nicht weiter.

Und dann war es endlich soweit. Land in Sicht! Vor uns lag unsere neue Heimat: Teneriffa. Eine lange Reise ging soeben ihrem Ende entgegen. Natürlich freute ich mich jetzt königlich, aber in meinem tiefsten Inneren beschlich mich angesichts der ab jetzt auf uns zukommenden Imponderabilien dennoch ein heimliches Gefühl von Zukunftsangst!

Angekommen!

Das Entladen der Fähre funktionierte ausgesprochen zügig. Wir rollten alsbald mitsamt unserem Dachgepäckträger von Bord. Es ging vorbei an unzähligen Lagerschuppen und Containerstapeln bis wir schließlich die Schranke des Hafenzolls erreichten. In dem kleinen Häuschen mit fehlender Glasscheibe saß ein fetter Beamter der *Guardia Civil*. Er studierte in aller Gemütsruhe die Tageszeitung. In seiner linken Hand qualmte eine Zigarette, und mit der rechten Hand winkte er die gerade von Bord gefahrenen Autos der Reihe nach durch, ohne dabei auch nur einen einzigen Blick auf die einzelnen Fahrzeuge zu verschwenden. Wir schauten uns lediglich grinsend an, sagten aber nichts. Schließlich lebten wir ab jetzt im Ausland, und dort ist bekanntlich alles ganz anders. Besonders auf Teneriffa, wie wir in den kommenden Jahren noch lernen sollten. Der Polizist war erst die harmloseste Spitze des Eisbergs.

Es galt jetzt als erstes, eine Bleibe zu finden. Zum Glück war es erst gegen Mittag, als wir das Schiff verlassen hatten, so dass heute noch ein gewisses Zeitfenster zur Verfügung stand. Wir hatten uns auf dem Schiff überlegt, wo wir denn mit unserer Suche am besten beginnen sollten. *Playa de las Américas* erhielt letztendlich den Zuschlag. Beileibe nicht etwa, weil wir dort fürs Erste ein Quartier suchten, sondern weil wir dort jemanden kannten: den Direktor des Hotels *Jardin Tropical*, in welchem wir unseren Urlaub verlebt hatten. *Abdón* war sein geschichtsträchtiger Name. Wer seinen Sohn so taufen ließ, musste schon ausgesprochen bibelfest sein. Ansonsten empfahl es sich eigentlich schon zu googlen, was aber damals noch längst nicht möglich war, um dieses Namensgeheimnis zu lüften. Abdon, der Sohn des Hillel aus Piraton, war der 10. Richter Israels, der im Buch der Richter aufgezählt wird. Abdon gehörte zum Stamm Ephraim. Er soll 40 Söhne und 30 Enkel gehabt haben, die auf 70 Eselsfüllen geritten seien. So jedenfalls will es heutzutage Wikipedia wissen. Kurz und gut: Dieser Mann war uns sehr hilfsbereit und kommunikativ vorgekommen, und er könnte uns sicher einen guten Tipp geben. Bestimmt verfügte er über weitreichende Beziehungen. Sein Name ließ jedenfalls irgendwie darauf schließen

Wer nicht in einem Luxushotel gebucht hat, für den erweist sich *Playa de las Américas* als ein absoluter 100.001-Betten-Alptraum aus Hochhäusern, zum Himmel stinkenden, teilweise auch deutschen Frittenbuden, halbnackt herumlaufenden, fetten und tätowierten Touristen zumeist britischer Provenienz, miefenden Fahrzeugkolonnen, laut dröhnenden Diskotheken und Billigbars. Ein Ambiente, welches wir in Deutschland ganz sicher niemals betreten hätten. Erdinger Weißbier, König Pilsener, Krombacher, Bitburger und Warsteiner, aber ebenso Whitbread oder Newcastle Brown Ale und wie die britischen

Inselbiere sonst noch alle heißen mögen, waren die am häufigsten zu lesenden Leuchtreklamen.

An den Strandartefakten aus künstlich aufgeschwemmtem schwarzem Lavasand, durch Strömungsschutz bietende Steinmolen säuberlich in einzelne Sektoren getrennt, liegen die Menschen so dicht gepackt, dass der eine die Füße des Nachbarn direkt neben seinem Gesicht zu riechen bekommt. Die tumb herumliegenden, größtenteils barbusigen und zu allem Überfluss zumeist auch noch beleibten Damen stinken penetrant nach einem Gemisch aus Schweiß und Sonnenöl, welches das Meeressurrogat im Hintergrund als dicker Schmierfilm überzieht. Im Hintergrund aufragende Apartmenthausfassaden mit dicht an dicht aufgereihten Geländern altanähnlicher Balkone erinnern mit ihrer geschmacklosen Physiognomie unwillkürlich an Affenkäfige.

Als wir hier auf dem Weg zum *Jardin Tropical* vorbeischlenderten, lagen überall stapelweise Müllberge vor den Eingängen, und nicht zu übersehende Kakerlaken gaben sich ein Stelldichein. Die wenigen, die ich im Vorbeigehen zertrat, wurden von ihren Artgenossen sicherlich nicht vermisst. Zu allem Überfluss begann es urplötzlich auch noch, wie aus Kübeln zu regnen. Meine Sonntagsschuhe aus feinem Nappaleder waren im Handumdrehen völlig durchweicht. Wir suchten Zuflucht in einer erstaunlich normal aussehenden König-Pilsener-Kneipe, direkt an der Autopromenade im alten Zentrum aus den siebziger Jahren. Die ausschließlich deutschen Gäste schimpften unüberhörbar über das Sauwetter, während draußen wahre Sturzfluten die auf so etwas völlig

unvorbereiteten Straßen in Richtung Meer herunter-
tosten. „Das haben wir hier ja noch nie erlebt," mein-
ten manche, ihrer offensichtlichen Entrüstung freien
Lauf lassend. Es müsse wohl an den allgegenwärtigen
Klimaverschiebungen liegen!
Ganz ähnlich geht es fast allen hier, dachte ich bei
mir. Wenn man aufgrund der Angaben in den Reise-
prospekten meint, die Sonne gepachtet zu haben,
muss man ja schließlich lauthals reklamieren, wenn
es plötzlich trotzdem regnet. Man sollte glatt den Reiseveranstalter auf Minderung verklagen, denn
schließlich verspricht er in dieser Gegend doch Sonne
total!
Dabei handelte es sich lediglich um einen der wenigen Tiefdruckausläufer, die in den Wintermonaten in
die Breitenlage der Kanarischen Inseln nach Süden
ausholen und dort zu heftigen Niederschlägen führen
können. Gerade die ansonsten halbwüstenartige Südwestseite der Insel, auf der wir uns ja gerade befanden, ist dann besonders gefährdet, weil die Winde
beim Durchzug eines Tiefs aus dieser Richtung we-
hen und sich an den steil aufragenden Vulkangebir-
gen im unmittelbaren Hintergrund des schmalen Küs-
tenstreifens aufstauen. Und eben deshalb ist Teneriffa
keine Wüste wie die benachbarte Sahara, sondern
eine blühende Oase mit einstmals, vor dem Touristen-
zeitalter, ausreichenden Wasservorräten. Diese Zusammenhänge würden wir unseren Touristen schon
bald erklären, wenn unsere Minibusfahrten erst einmal in Gang gekommen sind!
Nach dem zweiten KöPi war die Regenfront bereits
durchgezogen. Die Straßensturzbäche versiegten

langsam wieder, so dass wir die paar Schritte zum *Jardin Tropical* endlich riskieren konnten. Es war sehr angenehm, dass man dort nicht unbedingt Spanisch sprechen musste, um sich an der Rezeption zu artikulieren, denn dazu wären wir noch außerstande gewesen. So erfuhren wir, dass *Abdón* leider nicht mehr im Hotel tätig war. Er verwalte jetzt eine touristische Apartmentanlage namens *Seguro del Sol* in *Playa de la Arena* hieß es. Der Ort liegt bei *Los Gigantes*, etwa 30 Kilometer entfernt vom Touristengetto *Las Américas*. Zum Glück war noch genug Zeit, *Abdón* weiter nachzuspüren.

Also steuerten wir als nächstes *Playa de la Arena* an. Die kurze Fahrt dorthin führte durch ausgedehnte Bananenplantagen, sobald wir *Playa de las Américas* hinter uns gelassen hatten. An die vier bis fünf Meter hohe, durchbrochene Mauern umhegten die einzelnen Parzellen. Auf diese Weise waren sie zwar Luftdurchlässig und erlaubten eine gewisse Zirkulation, aber gleichzeitig schützten sie die empfindlichen Bananenpflanzen vor allzu heftigen Winden. Nach gut einer halben Stunde hatten wir unser Ziel erreicht.

Playa de la Arena war damals noch eine sehr überschaubare touristische Urbanisation mit einem kleinen, aber feinen Sandstrand, der sich meerwärts der kleinen Ortsstraße erstreckte. Dieser Bucht verdankt der Ort ganz offensichtlich seinen vielversprechenden, aber wohl eher phantasielosen Namen, der ins Deutsche übersetzt nichts anderes als Sandstrand bedeutet. Auf der landwärtigen Straßenseite befanden sich einige kleine Geschäfte für den alltäglichen Touristenbedarf sowie zwei oder drei Kneipen nebst einem holländisch geführten Restaurant mit angeschlossener Metzgerei. Das ganze Ensemble wirkte sehr ansprechend, um nicht zu sagen heimelig, wenn man, wie wir, unmittelbar von *Las Américas* hierherkommt. Hier schien noch jeder jeden zu kennen. So war jedenfalls unser Eindruck. Wir fragten deshalb in einer der Bars testhalber ganz einfach mal nach *Abdón*. Und siehe da, der Herr war hier tatsächlich kein Fremder. Wir gingen angesichts des auch in Spanien sehr ungewöhnlichen Namens davon aus, dass es ausgerechnet hier in *Las Arenas* nicht noch einen Zweiten geben würde.

Unsere Vermutung war ein Volltreffer, denn kaum waren wir um die nächste Ecke gebogen, standen wir auch schon vor dem *Edificio Seguro del Sol*. Eine unübersehbare, aber dennoch schmucklose Reklameschrift an der Fassade verriet uns das. Und hinter dem kleinen Rezeptionstresen saß doch tatsächlich der so dringend Gesuchte! *Abdón* erinnerte sich gottlob noch an uns. Wir schienen hier höchstvermutlich goldrichtig zu liegen. Offenbar hatten wir vor nun schon fast einem Jahr einen bleibenden Eindruck bei ihm im Hotel hinterlassen. Bei einem Drink in der dem Apartmentkomplex angeschlossenen Bar erzählten wir ihm, warum wir hergekommen waren. Er sagte uns ohne Umschweife zu, dass wir bei ihm ein Apartment mit zwei Zimmern mieten könnten, und zwar für einen flexiblen Zeitraum und zu einem sehr akzeptablen Freundschaftspreis. Wir wären ihm aus Dankbarkeit und vor lauter Erleichterung am liebsten um den Hals gefallen. Das erste und dringlichste Problem unserer Migration war nun erst einmal vom

Tisch! Wir hatten für den Anfang eine Bleibe, in der es sich für einige Zeit aushalten ließ.

Es blieb uns nicht viel Zeit, diesen Erfolg erst einmal innerlich sacken zu lassen, denn es wurde bald dunkel. Wir wollten natürlich unser Auto möglichst noch vorher entladen, denn man ist ja nirgends vor Dieben gewappnet. Vor allem der voll beladene Dachgepäckträger wäre eine leichte potentielle Beute gewesen. *Abdón* ließ uns einige in Frage kommende Apartments zeigen. Wir wählten dasjenige aus, von dessen Balkon sich der schönste Blick auf das Meer bot. Wir waren hellauf begeistert, als wir im Abendlicht die etwa 40 Kilometer weit entfernte Nachbarinsel *La Gomera* ausgebreitet liegen sahen. Die Sonne würde gleich dahinter in wenigen Augenblicken in den Atlantik plumpsen. Einfach traumhaft! Selbstverständlich entschieden wir uns ganz spontan für dieses Apartment. Keine Frage.

Wir hatten vor lauter Begeisterung etwas Entscheidendes verdrängt, was sich beim Entladen des Autos sofort als eine üble Strafe Gottes entpuppte. Das Apartment befand sich nämlich im vierten Obergeschoß. Diese Tatsache als solche wäre eigentlich nicht weiter schlimm gewesen, wenn das ganz neu errichtete *Edificio* bloß über einen Aufzug verfügt hätte. Der aber existierte leider nicht und war beim Bau des Apartmenthauses offenbar dem Rotstift zum Opfer gefallen. Dieser Tatsache wiederum fielen nun wir zum Opfer, die wir die vielen Koffer, Kartons und Kartönchen nebst sonstigen Utensilien aus dem Auto hochschleppen mussten. Und das auch noch bei der feucht-warmen Meeresluft! Eine überaus schweißtreibende Aufgabenstellung, die zu allem Übel keinen Aufschub duldete. Wir möchten wetten, dass nach getaner Arbeit und einer ausgiebigen kalten Dusche der Bierumsatz in einer der Kneipen um die Ecke unvermittelt in die Höhe geschnellt ist.

Am nächsten Morgen frühstückten wir kurzärmelig auf unserem Balkon, denn die Sonne strahlte aus einem stahlblauen subtropischen Himmel. Den vorher notwendigen Einkauf konnte man gleich unten schräg gegenüber erledigen. Der kleine *Supermercado* hatte alles im Angebot, was man so brauchte. Der Ehrlichkeit halber muss ich jedoch anmerken, dass unser Frühstück auf dem Balkon nur von kurzer Dauer war. Genau betrachtet hatte es sich lediglich um einen Frühstücksversuch gehandelt. Die strahlende Morgensonne schien nämlich nicht auf unseren nach Westen orientierten Balkon, der sich zwangsläufig bis gegen Mittag im Schatten befand. Wir mussten lernen, dass auch auf Teneriffa der Winter mit einer gewissen nächtlichen Kälte daherkommt, zwar nicht mit Kühlschranktemperaturen, aber doch mit etwa sechzehn bis siebzehn Grad Celsius. Ein gemütliches Frühstück kurzärmelig auf dem Balkon scheidet unter diesen Umständen auch auf den Kanaren aus. Man bleibt besser drinnen, bis die Sonne den kühlen Schatten vertreibt.

An diesem Morgen hatte ich noch eine sehr dringende Angelegenheit im fernen Deutschland zu klären. Im Zusammenhang mit dem Hausverkauf waren nämlich noch nicht alle finanziellen Geschäfte endgültig abgeschlossen. Die Lebensversicherung hatte sich in Sachen Auszahlung noch immer nicht gerührt.

Deshalb wollte ich in Stuttgart anrufen und den Damen und Herren per Telefon ein wenig auf die Füße treten. Schließlich verdienten wir in der Fremde noch keinen Pfennig, gleichzeitig aber benötigten wir dennoch Geld zum Leben. Es dauerte eine ganze Weile, bis ich endlich eine funktionierende Telefonzelle gefunden hatte. Bei den meisten Apparaten viel das eingeworfene Geld einfach durch in den Münzrückgabeschacht, so dass kein Gespräch zustande kommen konnte. Bei der vierten oder fünften Zelle war ich zu meiner großen Erleichterung endlich erfolgreich. Wer sowas erlebt hat, weiß heutzutage sein mobiles Telefon noch mehr zu schätzen.

Natürlich war der zuständige Sachbearbeiter gerade nicht an seinem Platz. Nachmittags hatte er bereits Feierabend und am nächsten Tag hatte er Urlaub angemeldet. Es dauerte ganze zwei Tage, bis es mir endlich gelang, in Erfahrung bringen, woran die Verzögerung der Auszahlung lag. Man benötigte noch irgendeine Erklärung von mir, und zwar im Original und nicht per Fax!

Ich ging sofort zu unserem Apartment und setzte den notwendig gewordenen Schrieb auf. Kurz darauf betrat ich das Postamt von *Los Gigantes*, unserem benachbarten zentralen Ort. Der Schalterbeamte unterhielt sich gerade ausgiebig mit einem Kunden, während er ungeniert mit offenem Mund geräuschvoll einen Kaugummi durcharbeitete. Dass es sich nicht um ein postalisches Thema handelte, erkannte ich an der von beiden Herren vehement vorgetragenen Gestik. Ich war förmlich fasziniert davon, wie viele mir bis dato unbekannte Handbewegungen es gab.

Nach etwa fünf Minuten glaubte ich, endlich das erlösende Wörtchen *adiós* verstanden zu haben. Aber danach dauerte es immer noch eine geschlagene Minute, bis der Mann mir, diesmal per Kopfbewegung, bedeutete, dass ich jetzt an der Reihe war. Innerlich kochte ich zwar, ließ mir aber höflichkeitshalber nichts anmerken. Vielmehr legte ich meinen Eilboten-Einschreiben-Brief mit einem schüchternen Lächeln auf die Posttheke.

Der Kaugummikauer steckte sich derweil genüsslich eine dicke Zigarre an und schielte währenddessen zu meinem Brief herüber. Nachdem der Balken in seinem Mund endlich Feuer gefangen hatte, sagte er nur laut und deutlich: „*No*". Sonst nichts. Als er daraufhin meinen ungläubig fragenden Blick auffing, fügte er seinem *no* noch ein genussvoll intoniertes *mañana* hinzu, welches er sich förmlich auf der Zunge zergehen ließ, und dazu setzte er noch ein aufmunterndes, freundliches Lächeln auf.

Der Mann wollte mir also allen Ernstes klarmachen, dass er meinen hypereiligen Brief heute nicht anzunehmen gedachte. Ich war völlig konsterniert, wie vor den Kopf gestoßen. Er musste mir das wohl angesehen haben, denn er sprach plötzlich rudimentäres Englisch und erklärte mir mit fast unmerklichem Bedauern, dass er keine Briefmarken mehr habe, weshalb eben heute keine unfrankierten Briefe mehr abgefertigt werden könnten. Nicht zu fassen! Mir wurde sofort klar, dass mein Brief auf diese Weise noch bis mindestens Mitte März brauchen würde, bis er endlich auf dem Schreibtisch des zuständigen Sachbearbeiters bei der Sparkassen-Versicherung in Stuttgart landen würde. Aber noch wahrscheinlicher schien mir die Möglichkeit zu sein, dass er überhaupt nicht dort ankommen würde. Ich dachte eben noch total deutsch.

Deshalb musste ich mir augenblicklich etwas Besseres einfallen lassen. Mir fiel der Südflughafen ein. Dort gab es auch ein Postamt, und dort hatte man eventuell noch Briefmarken vorrätig. Vielleicht würde mein Brief sogar mit der nächsten Maschine nach Deutschland fliegen. Hoffnung keimte in mir auf. Ich sprang in den Wagen und düste sofort los. Nach *Reina Sofía* waren es stolze 40 Kilometer. Aber was tut man nicht alles für das liebe Geld.

Nach 45 Minuten betrat ich die Halle des Flughafens und hielt nach der Post Ausschau. Ich entdeckte alsbald das gelbe Schild mit der Aufschrift *Correos*. Aber der Schalter war, wie konnte es anders sein, geschlossen. Nach meiner Erfahrung von *Los Gigantes* suchte ich sogleich die Scheibe der Eingangstür ab, wo von innen die eine oder andere Mitteilung aufgeklebt war. Und tatsächlich wies doch einer der Zettel darauf hin, dass auch hier *mañana* angesagt war. Mitten am hellichten Tag auf einem internationalen Großflughafen. Und nun?

Ich stand schon wieder da und dachte. Und mir fiel in meiner Verzweiflung schon wieder etwas ein. Schnell rannte ich zur großen Anzeigetafel. Und siehe da, in zwei Stunden ging doch tatsächlich eine Hapag-Lloyd-Maschine nach Stuttgart. Am Abfertigungsschalter hatte sich schon eine beachtliche Touristenschlange mit großen Koffern gebildet. Die Mehrzahl der Leute sprach Schwäbisch, und nicht wenige zogen lange Gesichter, offenbar weil es wieder zurück in die kalte Heimat ging. Hier war ich also goldrichtig. Es dauerte keine zwei Minuten, bis ich jemanden gefunden hatte, der bereit war, meinen Brief mitzunehmen und noch am selben Abend in Stuttgart einzuwerfen. Wieder einmal hätte ich vor Glück und Erleichterung jemandem um den Hals fallen können. Diesmal wäre es natürlich nicht *Abdón* gewesen, sondern eine nette junge Dame!

Ein paar Tage später hatte ich, ob ich wollte oder nicht, schon wieder etwas bei der Post zu erledigen. Wir benötigten Bargeld, um beispielsweise die Mieten für Januar und den bevorstehenden Februar zu bezahlen. So etwas lief dazumal nur in bar. Von Überweisungen hielt man auf der Insel so gut wie gar nichts. In weiser Voraussicht hatten wir während unseres Urlaubs beim Hauptpostamt in der Provinzhauptstadt *Santa Cruz* bereits ein Postbankkonto eröffnet und dieses mit einer ansprechenden Summe ausgestattet. Man hatte uns dort hoch und heilig versprochen, die Scheckvordrucke innerhalb weniger Tage an unsere Adresse in Deutschland zu schicken. Gleich mitnehmen konnte man damals seine Scheckvordrucke bei keiner einzigen spanischen Bank! Die Schecks waren auch tatsächlich angekommen, so dass wir jetzt bei jeder spanischen Post Geld abheben konnten.

Ich stellte mir an besagtem Tag also einen Scheck aus und fuhr damit zum Postamt, wiederum in *Los Gigantes*, um ihn dort einzulösen. Welche Überraschung würde mich wohl heute erwarten, fragte ich mich noch, als ich auch schon vergeblich versuchte, die

Eingangstür zu öffnen. Sie war nämlich fest verschlossen! Ein Blick auf die Uhr verriet mir, dass es schon kurz nach halb zehn war. Ich fand im Fenster der Post ein Schild mit den Öffnungszeiten: *"Lunes – Viernes 9:00 – 14:00 horas."* Aufgrund meiner Französischkenntnisse verstand ich diesen Hinweis sehr wohl: Montag bis Freitag von 9 bis 14 Uhr geöffnet. "Sehr merkwürdig," dachte ich so bei mir und wollte durch die Glastür ins Innere der Amtsstube hineinschauen. Es war Freitag, also hätte die Post doch geöffnet sein müssen! Das war natürlich wieder ein typischer Anfängerfehler. Jetzt erst sah ich den obligaten Zettel von innen an der Scheibe hängen. Heute stand dort *"Desayuno hasta las diez."* Ich zog mein kleines Wörterbuch aus der Hosentasche und schlug nach, was das Wort *Desayuno* zu bedeuten hatte. "Frühstück," las ich mir laut vor.

Fast wäre mir die Brille dabei heruntergefallen. Ich traute meinen Augen nicht. Die machten um neun Uhr auf, und um halb zehn war die Bude schon wieder dicht, weil der Beamte in Seelenruhe frühstücken ging. Kaum zu glauben. Wo mochte er währenddessen wohl seinen gebrauchten Kaugummi hingeklebt haben? Unsere Auswanderung konnte ja noch lustig werden. Mich überkam spontan die dunkle Vorahnung, dass die zukünftigen Behördengänge in Sachen Geschäftseröffnung nicht wesentlich anders verlaufen würden.

Auf Wohnungssuche

Nur Minuten später sollte ich einen weiteren Denkanstoß in diese Richtung bekommen. Ich machte vor dem geschlossenen Postamt von *Los Gigantes* auf dem Absatz kehrt, stieg ins Auto und fuhr die paar Meter zurück nach *Playa de la Arena*, um Irene abzuholen, denn wir wollten heute endlich mit der Wohnungssuche beginnen. Es würde nicht mehr lange dauern, bis unser Container im Hafen ankommt. Und dann würde auch schon die Zeit drängen, denn schließlich wollten wir für den Container keine saftigen Lagergebühren bezahlen. Wir konnten ja irgendwo unterwegs bei einer anderen Post halten, anstatt zu warten, bis der Typ in *Los Gigantes* fertig gefrühstückt hatte.

Zuallererst aber wollten wir eine entsprechende Suchannonce im Wochenspiegel, der deutschen Inselzeitung, aufgeben. Sie erschien, anders als ihr Name suggerierte, alle zwei Wochen, und bis zum nächsten Erscheinungstermin war es nicht mehr lange hin. An der *Plaza* unseres Nachbarorts *Alcalá* gab es eine offizielle Anzeigenannahme, und zwar im *Café Alcalá*.

Hinter dem Tresen stand ein im ersten Moment etwas schüchtern auf mich wirkender junger Mann, der trotz seiner nur etwa 30 Jahre bereits über eine beachtliche

Stirnglatze verfügte. Er präparierte gerade mit unge-wöhnlichem Geschick eine Kuchenbestellung und bat mich um einen kleinen Augenblick Geduld. Der Mann war ganz offensichtlich Deutscher. "So, wie der mit dem Kuchen hantiert, muss er früher in Deutschland täglich ein Kaffeekränzchen abgehalten haben," dachte ich und begann, mich in dem Lokal etwas näher umzuschauen. Es war alles recht beengt, aber im Detail liebevoll und gleichzeitig preiswert eingerichtet, eigentlich so richtig für den deutschen Geschmack.

Die Gläser neben dem Brotregal hinter der Theke sig-nalisierten mir, dass es hier sogar Erdinger Weißbier gab, und selbst Bitburger war im Angebot. Hinten in der Kneipe saßen drei deutsche Herren an einem der Bistrotischchen und zechten trotz der noch frühen Ta-geszeit munter Erdinger Weißbier anstelle von Kaffee oder Tee. Einer von ihnen bestellte gerade noch drei, so dass ich auf das Grüppchen aufmerksam wurde. Ich betrachtete die Visagen einige Sekunden lang und kam zu der Überzeugung, dass da so an die vierzig Jahre Knast beisammen sein mochten.

Der Kaffeehausbesitzer hieß Dirk, denn so war er von dem Bierbesteller angeredet worden. Dirk war gerade mit dem Verkauf des Kuchens fertig geworden und bat mich nochmals um etwas Geduld. Ich sollte jetzt eine Kostprobe davon bekommen, mit welcher Per-fektion er das Erdinger einzuschenken vermochte. Die Flasche tauchte er tief ins Glas ein und zog sie, dem dort ansteigenden Bierpegel aufwärts folgend, langsam wieder hervor, strikt darauf achtend, dass die Flaschenöffnung stets vom Bierschaum umhüllt blieb. Auf diese Weise schenkte er die drei Weißbier im Handumdrehen ein, ohne dass auch nur ein einziger Tropfen überschäumte. Wie oft mochte er das daheim in Deutschland wohl schon geübt haben? Diesen Trick merkte ich mir jedenfalls haarklein für die Zukunft. So etwas hatte ich bis dato noch nicht einmal in Bayern zu sehen bekommen.

Jetzt endlich kam ich an die Reihe. Ich fragte Dirk zunächst, ob er es sei, der hier die Annoncen für den Wochenspiegel annehme. Er nickte, und ich schob ihm einen Zettel mit meinem Annoncentext über die Kuchentheke. Daraufhin sagte er zu den drei Galgenvogelvisagen, dass er gleich wieder zurück sei. Und ob es denn vorher noch drei Erdinger sein dürften? Ich musste schon wieder warten.

Hier fand ich die Bestätigung dafür, dass sich der deutsche Mensch auf dieser Insel doch tatsächlich in Anlehnung an die Einheimischen langsam, aber sicher in Richtung *mañana* entwickeln kann. Diese Erkenntnis ließ mich für meine eigene Inselzukunft hoffen. Gleichzeitig fragte ich mich jedoch allen Ernstes, und das war schon wieder oder immer noch typisch deutsch, wo Dirk zwecks Annahme meiner Annonce eigentlich mit mir hingehen wollte.

Das sollte ich jetzt ohne weitere Umschweife in Erfahrung bringen. Wir gingen zu einer Telefonzelle draußen vor dem Laden. Offenbar funktionierte sie auch. Von dort aus rief Dirk den Wochenspiegel in *Puerto de la Cruz* an und gab meinen Text durch. Als ich anschließend in seinem Laden bezahlte, entschuldigte er sich für die Übung mit der Telefonzelle. Er habe bereits lange vor der Eröffnung des Cafés einen

Telefonanschluss beantragt. Das lag nun schon mehr als ein Jahr zurück, und es würde wohl noch eine Weile dauern, bis es endlich so weit sei. Meine Auswanderung wurde mit einem Schlag noch lustiger!

Irene war im Wagen sitzen geblieben und hatte uns beim Telefonieren beobachtet. Sie lachte immer noch, als ich wieder einstieg. Nun fuhren wir weiter bis in die Nähe von *Puerto de la Cruz,* um dort eine Wohnung zu besichtigen. Sie war per Inserat im Wochenspiegel angeboten und sollte voll möbliert 800 Mark im Monat kosten. Das könnte doch etwas für uns sein, zumal wir doch sowieso auf der Nordseite der Insel wohnen wollten. Und wenn nicht, könnten wir uns bei dieser Gelegenheit einen ersten Eindruck vom hiesigen Wohnungsmarkt verschaffen.

Ab dem Südflughafen nahmen wir die Autobahn, um die restlichen 115 Kilometer möglichst rasch zu bewältigen. Über Land hätten wir wegen der unzähligen Kurven und Serpentinen mit Sicherheit zwei bis drei Stunden gebraucht. Dieses Abenteuer wollten wir zu einem späteren Zeitpunkt nachholen. Jetzt aber hatten wir zunächst wirklich Wichtigeres vor.

Die Fahrt war trotz Autobahn sehr eindrucksvoll, denn immerhin bereisten wir heute schon zwei der insgesamt zehn Klima- und Vegetationszonen Teneriffas. Auf der Südseite war es die aride Tiefenstufe, eine halbwüstenhafte Einöde, die von der Küste bis in etwa 250 Meter Höhe hinaufreicht. Zu den häufigsten natürlichen Leitpflanzen gehört in dieser Zone die kaktusähnlich aussehende Kanarische Säuleneuphorbie. Euphorbien sind jedoch keineswegs Kakteen, wie die fremden Inselbesucher meistens annehmen,

sondern Wolfsmilchgewächse. Zur gleichen Gattung gehören auch die kleinen Drachenbäumchen ähnelnden Büsche, die man vom fahrenden Auto aus überall links und rechts der *Autopista del Sur* erkennen kann. Die Einheimischen nennen Sie *Tabaiba*. Während der sommerlichen Trockenheit werfen die *Tabaibas* ihr Laub ab. Aber jetzt, im Februar, präsentierten sich alle wieder in grünem Gewand – der Beweis dafür, dass es nicht erst am Tag unserer Ankunft in jenem Winterhalbjahr geregnet hatte im ariden Süden! Die größtenteils aus bloßliegendem, hell-ockerfarbenem Toscagestein aufgebaute Landschaft mit ihrem halbwüstenhaften Charakter wirkte trotz des vereinzelten Grüns doch wohl eher trostlos, unwirtlich und deshalb auch abstoßend. Umso wirkungsvoller war deshalb der landschaftliche Kontrast, als wir später die nicht nur im Winterhalbjahr herrlich grüne Tiefenstufe der Nordseite erreichten. Der Übergang vom einen zum anderen Extrem – im durchfahrenen Ballungsgebiet von *Santa Cruz/La Laguna* leider zugebaut – vollzieht sich in der Natur auf nur ganz wenigen Metern. Und sofort treten schlagartig völlig andere Leitpflanzen auf. So scharf sind hier Klimascheiden gezogen. Es ist, als ob man die Tür eines Gewächshauses hinter sich schließt und im selben Augenblick diejenige des Nächstfolgenden öffnet.
Besonders schön von Gestalt sind die jetzt überall an den Hängen wachsenden Kanarischen Dattelpalmen und natürlich die ab und zu auftauchenden Drachenbäume. Aber auch die Familie der hier Aeonium genannten Dickblattgewächse faszinieren immer wieder. Sie sind Verwandte unserer Fetten Henne.

Nachdem wir das Ende der Nordautobahn erreicht hatten, ließen wir *Puerto de la Cruz* rechts unterhalb liegen, und nach wenigen Kilometern näherten wir uns unserem Ziel. Die angebotene Wohnung sollte direkt am Meer liegen, und zwar in der *Urbanización La Romantica II*. Irene hatte für heute telefonisch einen Termin ausgemacht, während ich den erfolglosen Trip zur Post absolvierte. Den Standort der funktionierenden Telefonzelle hatte ich ihr vorsichtshalber deutlich beschrieben. Von *La Longuera* wies uns ein Hinweisschild den Weg. Das Sträßchen führte steil bergab. Nicht weit unten signalisierte uns die deutsche Inschrift 'Blumen- und Badeparadies La Romantica II', dass wir unser Ziel erreicht hatten.

Die im Vorbeifahren gepflegt wirkende Wohnsiedlung hielt damals zumindest das erste Versprechen der Inschrift. Wir gerieten ins Schwärmen angesichts der blühenden Gärten, die sich links und rechts der Straße aufreihten. Am schönsten fanden wir die üppig blühenden Weihnachtssterne. Bald standen wir auf der platzähnlichen Straßenweitung, die als Treffpunkt ausgemacht war. Die Dame, welche uns die Wohnung zeigen wollte, war eine Deutsche. Sie wartete schon auf uns, obwohl wir eine halbe Stunde zu früh waren. Diese Tatsache in Verbindung mit ihrer äußeren Erscheinung stimmte mich auf Anhieb bedenklich, und als sie zur Begrüßung den Mund auftat, wurden meine Bedenken nur noch größer. Als sie uns dann auch noch erklärte, die Wohnung sei auf Wunsch auch für nur 35.000 Deutsche Mark käuflich zu erwerben, war ich mir ganz sicher, dass hier etwas faul war. Hätte nur noch gefehlt, dass sie einen der drei Kerle aus

Dirks Café im Schlepptau gehabt hätte. In Deutschland hätte ich an diesem Punkt auf der Stelle kehrt gemacht, weil ich mit Typen dieses Schlages nichts zu tun haben wollte. Hier aber, auf einem mir noch weitgehend unbekannten Terrain, war das für heute jedoch einmal anders. Ich war neugierig, was uns da erwartete.

Wir folgten der Person zwischen pyramidenförmig übereinandergestapelten Apartmentzeilen hindurch eine schier endlos wirkende Treppe hinunter, die an einem großen Pool endete, welcher auf seiner rechten Längsseite von einem Billighochhaus gegen die Straße abgeschirmt wurde. Das *Edificio Sol y Solimar* trug den Hauch von Verfall, obwohl es damals erst an die 20 Jahre alt gewesen sein mochte. Ich musste in mich hineinkichern, weil ich in diesem Moment unwillkürlich an das Hinweisschild mit dem Badeparadies dachte.

Zurückblickend auf die soeben bewältigte Treppe bedauerte ich schon jetzt denjenigen Mieter, der allwöchentlich seinen Kühlschrank mit dem Nötigsten beschicken musste. Nicht auszudenken, hier des Öfteren einen Kasten Erdinger herunterschleppen zu müssen. Links von uns, zu Füßen der Apartmentpyramide, befand sich ein verkommener Flachbau. Über seinem Eingang prangte in gelben Lettern die vielsagende Neonreklame *Nightclub La Cueva*. Ein echtes Nachtjackenviertel auf steilem Felsplateau, fünfzig Meter hoch über dem tief unten brodelnden Atlantik.

Unsere Begleiterin setzte sich nach einigen lobenden Worten über dieses lauschige Paradies wieder in Bewegung. Wir waren also immer noch nicht an Ort und

Stelle. An der linken Längsseite des Pools, neben einem kleineren Flachbau, den sie kurzerhand zum Penthaus hochstilisierte, befand sich schon wieder eine Treppe, die uns in eine Unterwelt von dunklen Katakomben führte. Es mochten an die fünf oder sechs Stockwerke gewesen sein, die hier mit ihrer Rückseite im senkrecht zum Meer abstürzenden, exakt nach Norden exponierten Basaltkliff verankert waren. Hierher verirrte sich garantiert nie ein einziger Sonnenstrahl.

Licht gab es in den endlos langen Gängen nicht wirklich. Vermutlich borgten sich die Anwohner hier mit schöner Regelmäßigkeit die Glühbirnen aus und vergaßen am nächsten Tag, selbige wieder zurück zu schrauben. Im Schein der Taschenlampe, die unsere Möchtegernvermieterin beim Verlassen der Poolebene aus ihrer Handtasche gekramt hatte, tasteten wir uns immer weiter nach unten. Dann und wann passierten wir diverse Eisengitter, mit denen ganze Stockwerke oder auch nur einzelne Wohnungen gegen unbefugte Besucher verrammelt waren.

Irgendwann ganz unten schloss unsere Begleiterin eine Tür mit den Worten auf: "So, da wären wir!" Kaum hatte sie die Tür geöffnet, stank alles um uns herum nach Moder und Verderbnis. Ein paar dreckige Kochtöpfe, aus denen dicker Schimmel hervorquoll, standen noch so da, wie sie der Eigentümer, in dessen Auftrag die Dame wohl agierte, nach dem Abschiedsmahl hinterlassen hatte. Einige tote Kakerlaken lagen in den Ecken herum.

Er nannte sich laut Namensschild an der Tür Uwe Reuter, war angeblich Bildjournalist in Hamburg und habe sich wieder zurück nach Deutschland orientiert. Der Zustand dieses schäbigen Lochs verriet mir jedoch, dass sie wohl ziemlich naiv war, um es gelinde auszudrücken. Der Kerl musste ganz unverkennbar Hals über Kopf geflüchtet sein und hatte dabei alles panisch stehen und liegen gelassen. Als ich diese Zusammenhänge mit einem raschen Blick rekapitulierte, entfuhr mir unwillkürlich ein zwar ordinärer, aber zu diesem Ambiente wie die Faust aufs Auge passender Ausspruch, der den Besichtigungstermin zu einem abrupten Ende brachte: "Ach du Scheiße!"

Ebenso fluchtartig wie kurz zuvor Uwe Reuter verließen nun auch wir das unterirdische Labyrinth. Als wir endlich unser Auto an der Oberfläche erreicht hatten, waren wir schweißgebadet. Mein Oberhemd war völlig durchgeschwitzt, wie nach einem Dauerlauf.

Für heute hatten wir nach dieser Vorstellung eigentlich genug. Wir wussten jetzt, dass auch die Wohnungssuche kein Zuckerlecken werden würde. Nun aber mussten wir vor 14 Uhr unbedingt noch ein Postamt finden, weil wir kein Bargeld mehr für das bevorstehende Wochenende besaßen. Es war Freitag, und am Samstag hatten alle Postämter geschlossen. Deshalb wollten wir nach einem Blick auf die Landkarte auf der alten Landstraße von *Santa Úrsula* nach *La Laguna* fahren, um erst dort die Autobahn zu nehmen. Irgendwo würden wir sicherlich an einer Post vorbeikommen, hofften wir zuversichtlich.

Wir hatten Glück, denn in *La Matanza* wurden wir dank eines Hinweisschildes bereits fündig. Es war immerhin schon zwanzig vor zwei, also höchste Eisenbahn. Ich betrat den kleinen Schalterraum und präsentierte der Postlerin, nichts Böses ahnend, meinen Scheck. Sie schaute ihn sich genau an und gab mir dann doch prompt dieselbe Antwort wie tags zuvor ihr männlicher Kollege in Los Gigantes: *"No."* Man hätte meinen können, die beiden hätten es auf mich abgesehen und sich abgesprochen!

Jetzt ging mir fast der Hut hoch, obwohl ich gar keinen besaß. Was, zum Teufel, war denn jetzt schon wieder los. Die Frau ließ ein sprachliches Stakkato auf mich niederprasseln, von dem ich das Wort *Lunes* mitbekam. Ich sollte also offenbar am Montag wiederkommen! Klar, denn *mañana* ging es ja nicht! Irgendwie merkte sie, dass ich den Grund für ihre Geldverweigerung nicht verstanden hatte. Deshalb öffnete sie die Kassenschublade und zeigte mir, dass dort nicht genügend Kohle drin war. Auf eine solche Idee wäre ich nun wirklich nie gekommen. Der eine hat keine Briefmarken, die andere kein Geld!

Meine flehentlich wie zum Gebet gen Himmel gestreckten Hände und die auf Verdacht gestammelten Worte *Mama mia* klopften sie dann aber doch noch weich. Man verstand hier ganz offensichtlich Italienisch, denn auf Kanarisch hätte es korrekt *hay mi madre* geheißen. Jedenfalls räumte sie ihre Kasse komplett aus und blätterte mir einen Stapel abgegriffener, völlig zerfledderter Scheine hin, mit dem man eine Einkaufstüte bis zur Hälfte hätte füllen konnte. Das war sozusagen die Anzahlung. Über den Restbetrag stellte sie mir kurzerhand, man höre und staune, einen Bankscheck der örtlichen *Caja Canarias* aus. Mit ihm raste ich zur nächsten Filiale, die keine zwei Kilometer entfernt war, und stürmte gerade eben noch vor dem Zapfenstreich in den Kassenraum. Vor mir war noch eine ältere Bankkundin an der Reihe, die gerade eben eine Überweisung per Fingerabdruck unterschrieb. Ich traute meinen Augen nicht, bemerkte dann aber, dass vor allen Schaltern je ein Stempelkissen für derartige Fälle ausgelegt war. Ich reichte den Scheck ein und erhielt doch tatsächlich mein restliches Geld. Offensichtlich konnte wenigstens der Banker lesen und schreiben. Die ekelerregenden Geldlappen von der Post ließ ich mir in hygienische neue Scheine umtauschen.

In einer einladend aussehenden Bar namens *Caballo Blanco*, fast nebenan, bestellten wir uns anschließend zur Stressreduktion einen Kaffee nebst einer *Tía María*. Ich blieb dabei gar nicht erst vor dem Tresen stehen, sondern ging gleich weiter, um mir gründlich die Geldhände zu waschen. Zurück an der Bartheke sah ich mich, während ich an meinem köstlichen Kaffeelikör schlürfte, ausgiebig in dem gut besuchten Lokal um. Es waren drei Dinge, die mir auffielen: Der unendlich lange, einen hufeisenförmigen Bogen spannende, mit wertvollem Holz belegte Tresen, das ebenso lange, darüber aufgehängte Flaschenregal mit so ziemlich sämtlichen Alkoholika bestückt, die der liebe Gott erfunden hat, und last but not least die beiden in elegantem schwarz gekleideten Kellner, deren Äußeres dem gesamten Ambiente angemessen war. Touristen gab es hier so gut wie gar nicht, die einheimischen Gäste waren weitestgehend unter sich. Hier waren wir ganz sicher nicht zum letzten Mal!

Wir schmiedeten an diesem sehr angenehmen Ort einen Routenplan für die Rückfahrt, der uns sehr geeignet erschien, das unerfreuliche Erlebnis mit der Höhlenwohnung schnell wieder aus unseren Köpfen zu verdrängen. So beschlossen wir, entlang der Nordküste weiterzufahren und von dem ehemaligen Hafenstädtchen *Garachico* aus das Gebirge bis zur Südwestseite der Insel zu überqueren. Diese Strecke war nicht nur um die Hälfte kürzer, sie hielt auch landschaftliche Reize bereit.

Die Küstenstraße klebt stellenweise förmlich an der Steilküste. Links steigt der Hang des Teideunterbaus fast lotrecht an, während rechts, nicht sehr tief unter uns, der an diesem Tag stahlblaue Atlantik brandete. An anderen Stellen wiederum flacht das Gelände spürbar ab und bietet Platz für kleinere Siedlungen. Besonders steinschlaggefährdete Stellen sind durch Tunnels gesichert, denn das gesamte Teidemassiv besteht zu großen Teilen aus vulkanischen Lockermaterialien wie Asche, Bims, Lapilli und Bomben, welche schon nach geringsten Regenschauern an den extrem steilen Hängen in Bewegung geraten.

Unterwegs machten wir noch einen kurzen Halt in *Icod de los Vinos*, wo der älteste Drachenbaum von ganz Makaronesien steht. Drachenbäume sind die bekannteste von insgesamt 443 endemischen Pflanzenarten dieser atlantischen Inselwelt, die von den Azoren im Nordwesten über die Madeiragruppe und den Kanarischen Archipel bis zu den 2.800 Kilometer weit entfernten Kapverden im Südwesten reicht. Endemisch bedeutet, dass eine Pflanzenart oder auch eine Tierart auf der Erde nur räumlich eng begrenzt vorkommt, wie etwa auf isoliert im Ozean liegenden Inseln. Das bekannteste Beispiel ist sicherlich

Galapagos. Teneriffa besitzt von den 443 makarone-
sischen Endemiten alleine schon 178 Arten, die nur
hier vorkommen und auf allen anderen Inseln fehlen!
Leider drängten sich am Drachenbaum von *Icod* die
Tagestouristen dicht an dicht, was mir aber angesichts
dieser Sehenswürdigkeit von Seltenheitswert durchaus verständlich erschien. Die Einheimischen nennen
ihren Baum ehrfurchtsvoll *Drago milenario*. Doch
der tausendjährige Drachenbaum ist zum einen gar
kein Baum und zum anderen auch keine 1.000 Jahre
alt! Es handelt sich vielmehr um ein Agavengewächs,
welches seiner Art entsprechend keine Jahresringe
bildet.

Der deutsche Botaniker Karl Mägdefrau konnte erst
1975 das tatsächliche Alter des Dragos ermitteln. Er
kam auf damals nur 365 Jahre, hochgerechnet auf
heute doch immerhin 408 Jahre. Bei der auf Teneriffa
weit verbreiteten Berufsgruppe der Reiseleiter hat
sich dagegen das Alter des *Dragos* aus allzu verständlichen Gründen von Jahr zu Jahr erheblich gesteigert.
Manch einer ist aus vermarktungstechnischen Moti-
ven schon bei sage und schreibe 5.000 Jahren angelangt!

Die 25.000 Einwohner zählende Stadt *Icod de los Vinos* ist genau 109 Jahre älter als ihr berühmter Drachenbaum. Sie florierte schon seit ihrer Gründung im
Jahr 1501, was uns ein kleiner Rundgang um die dem
heiligen Markus geweihte Renaissancekirche zeigte.
Nicht nur der prächtige Innenraum von *San Marco*,
sondern auch die angrenzenden altkanarischen Bür-
gerhäuser mit ihren kostbaren Schnitzbalkonen zeugen von frühem Wohlstand. Die Geländer sind in

Anlehnung an den maurischen *Ajimez* mit filigranen Holzgittern verziert. Die Dame des Hauses konnte so das Treiben auf der Straße beobachten, ohne selbst gesehen zu werden.

Enge wirtschaftliche Beziehungen pflegte *Icod* zum nahegelegenen Nachbarstädtchen *Garachico*, denn dessen Hafen war bis zu jenen fatalen Vulkanausbrüchen vom 5. und 13. Mai 1706 der Exporthafen Teneriffas. Von hier wurde im 16. Jahrhundert zunächst der im Umland gewonnene Rohrzucker verschifft. Ganze Heerscharen von Sklaven aus Guinea schufteten in den Wäldern, um Brennstoff für die vier Zuckersiedereien dieser Gegend herbeizuschaffen. Doch dieses erste ökonomische Zeitalter ging nach rund hundert Jahren wie ein Spuk zu Ende, weil alle verfügbaren Waldungen restlos geplündert waren. Sämtliche fließenden Gewässer versiegten. Angesichts dieser ersten Umweltkrise allergrößten Ausmaßes schlug die Stunde des Weines. Das Klima im Raum *Icod de los Vinos* war hervorragend geeignet für die Kultivierung des berühmten Malvasiers. Die Rebe stammte ursprünglich von den Ägäischen Inseln und war auf dem Umweg über Portugal nach Teneriffa gelangt. Sie ergibt einen schweren und zugleich süßen, likörähnlichen Weißwein von tiefer Bernsteinfarbe, der auf Anhieb den englischen Geschmack traf.

Zuerst waren es Genuesen, später dann jedoch fast ausschließlich Engländer, die den ebenso köstlichen wie kostbaren *Malvasía* in ihre Heimat exportierten. Anno 1665 waren sie so mächtig geworden, dass sie sogar versuchten, das gesamte Preisgefüge zu diktieren. Damit jedoch waren sie einen Schritt zu weit gegangen. Die Ausweisung sämtlicher Briten, etwa 1.500 an der Zahl, war die unausbleibliche Folge. Damit war der Anfang vom Ende des Malvasierzeitalters eingeläutet. Die Engländer hatten sich umgehend auf Madeira und Sherry sowie auf erheblich preiswertere italienische Weine umgestellt, so dass die nach drei Jahren endlich herbeigeführte Einigung viel zu spät erfolgte.

Dieser Vorgang beleuchtet, aus historischer Warte betrachtet, eine ganz besondere Charaktereigenschaft der *Canarios*, die ihnen mitunter zum Nachteil, in unserem hektischen Zeitalter aber fast immer zum Vorteil gereicht. Es ist das, was ich gerne als Mañana-Mentalität bezeichne. *Tranquilo por el día!* Was so viel heißen soll wie "kommst du heute nicht, kommst du eben morgen". Bloß steht für den *Canario* noch nicht einmal fest, wann morgen sein wird. Am nächsten Tag, nächste Woche, nächsten Monat, nächstes Jahr oder aber auch nie!

Fremde auf der Insel begreifen dies sehr häufig überhaupt nicht, werden deshalb nervös, ungeduldig, manchmal sogar recht ungehalten, und bewirken auf diese Weise fast immer das Nie. Insbesondere deutsche Gäste ereilt zuhauf solches Schicksal, weshalb der *Canario* diese Spezies abfällig, aber nur ganz vorsichtig-intern, als Quadratköpfe bezeichnet, sogenannte *Cabezas cuadradas*.

Wenn man sich dem heutigen Garachico nähert, bemerkt man schon von weitem die beiden am lotrecht abfallenden Steilhang klebenden, dunkelgrauen Lavaströme, die dem einst blühenden Hafen nach über 200 Jahren seiner Existenz das endgültige Aus bescherten. Das alte Städtchen selbst blieb von der Katastrophe fast völlig verschont, fiel aber anschließend – und ich bin geneigt zu sagen gottlob – in einen tiefen Dornröschenschlaf. Ein idyllisches Fleckchen Erde, in das ich mich auf Anhieb verliebte.

Die Tagestouristen verlaufen sich fast nie ins gepflasterte Zentrum des fein herausgeputzten Museumsstädtchens, zur lauschigen *Plaza* mit ihrem Schatten spendenden Dach aus Indischem Lorbeer, umringt von der hübschen alten Kirche, dem so anheimelnd wirkenden Franziskanerkloster sowie stolzen Herrenhäusern, die noch von besseren Zeiten künden.

An der Meeresfront, gleich beim alten Wehrturm, kehrten wir zum Abschluss dieses ereignisreichen Tages noch einmal ein. Dort, direkt am Wasser und den natürlichen Meeresschwimmbecken zwischen den Fugen und Spalten der einst so verhängnisvollen Lava, befand sich ein herrliches Gartenrestaurant mit einem traumhaften Blick auf Meer und Steilküste.

Wir bestellten fangfrische Zahnbrasse, die im Spanischen *Sama* heißt, gekocht in einem feinen Sud aus geschälten Tomaten, Zwiebeln sowie roten und grünen Paprikaschoten. Als Beilage wählten wir natürlich keine ordinären *Papas fritas*, sondern die köstlichen, *Papas arrugadas* genannten kanarischen Runzelkartoffeln. Sie werden ungeschält in Wasser gekocht, dessen Salzgehalt demjenigen des Ozeans in etwa entsprechen soll, und man verzehrt sie inklusive der vom Kochen runzelig gewordenen Schale und der auf ihr ausgefällten Salzkruste. Am allerbesten schmecken die klitzekleinen, auf der Insel kultivierten *Papas bonitas*. Dazu gab es einen *Mojo de Perejil* vom Allerfeinsten. Es handelt sich um eine typisch kanarische Sauce, die aus Petersilie, viel Knoblauch, Öl – auf gar keinen Fall Olivenöl –, Essig und Meersalz besteht. Alles zusammen wird ewig und drei Tage lang im Mörser zerstoßen und verrührt. Zur Not erledigt diese mühselige Arbeit heutzutage auch ein Pürierstab. Der offene Weißwein aus der Umgebung war zunächst gewöhnungsbedürftig, schmeckte aber ab dem dritten Schluck ebenfalls prächtig.

Wir warteten nach dem Essen noch, bis um halb sieben die Sonne wie ein Feuerball ins Meer plumpste, und machten uns auf den Rückweg nach *Playa de la Arena*, unserem Interimsdomizil. Das Sträßchen wand sich in gewagten Serpentinen die Steilküste hinauf nach *El Tanque*, und von dort ging es erst noch über die Klimascheide des 1.117 Meter hohen Erjospasses hinüber auf die Südseite der Insel, und anschließend in unzähligen Kurven und Serpentinen hinunter zur Küste bei *Los Gigantes*.

Endlich eine dauerhafte Bleibe

Unsere Annonce im Wochenspiegel war nicht sonderlich erfolgreich. Im Gegenteil, wir erhielten nicht eine einzige Zuschrift. Aber unser Container, der war zwischenzeitlich im Hafen von *Santa Cruz* angekommen. Der Umzug hatte bis hierher schon stolze 12.000 Mark gekostet. Und nun kamen noch einmal 3.000 Mark für den Transport bis zu unserer neuen Wohnung hinzu, sofern wir denn endlich eine finden würden. Jetzt war unser Zeitfenster schon ziemlich weit zugegangen. Es blieben nur noch zwei oder vielleicht auch drei Wochen, um den Container frei von Lagergebühren vor die Tür gestellt zu bekommen.

Natürlich studierten wir ausgiebig den Wohnungsmarkt im Wochenspiegel, obwohl es bei den kümmerlichen drei oder vier Angeboten eigentlich nichts zu studieren gab. Doch das Wunder wurde tatsächlich wahr, wir hatten fest daran geglaubt und hatten riesiges Glück. Damals ahnten wir noch gar nicht so richtig, welch riesiges Glück uns tatsächlich zur Seite gestanden hatte. Es ist nämlich auf der Insel die rühmlichste Ausnahme, dass eine Mietwohnung einmal nicht möbliert ist! Hätten wir das geahnt, hätten wir doch nie und nimmer unseren ganzen Hausrat aus

Deutschland mitgebracht! Die enormen Kosten, die jetzt bevorstehende Knochenarbeit eines Umzuges, der Zeitdruck, all das hätten wir uns ersparen können. Aber nun wollten wir uns nicht auch noch beschweren über unsere eigene Unbedarftheit. Heute würde man sicher alles anders machen. Eine Stunde googlen, und das wars.

Es handelte sich um einen sehr schönen Bungalow unter Palmen, in bester und vor allem ruhiger Aussichtslage. Was uns irgendwie bedenklich stimmte, war zwar die Tatsache, dass sich das Haus im schon zuvor unter wenig rühmlichen Umständen besuchten Blumen- und Badeparadies von *La Romantica II* befand. Aber diese Urbanisation hatte für uns den entscheidenden Vorteil, dass *Puerto de la Cruz* weiter unten am Meer direkt sichtbar vor unserer Haustür lag, nur einen Steinwurf weit entfernt. Außerdem wollten, ja mussten wir ohnehin auf der grünen Nordseite landen, denn nur dort ist das für unser geplantes Geschäft notwendige Publikum in ausreichender Menge zu finden. Wo laut Reiseprospekt fast nie die Sonne scheint, da gibt es logischerweise nicht unbedingt mehrheitlich Strandurlauber und Sonnenanbeter, sondern Gäste mit anderem, vermutlich anspruchsvollerem Erwartungshorizont.

Natürlich war die Monatsmiete nicht gerade als Kleinigkeit abzutun. Aber schmerzhaft war eigentlich insbesondere die Kaution in Höhe von drei Monatsmieten. Ganz so kostspielig hatte ich mir den Neubeginn eigentlich nicht vorgestellt. Mir wurde es langsam etwas mulmig, denn eine Geschäftseröffnung und damit die Möglichkeit, nicht mehr ausschließlich von der Substanz leben zu müssen, lag immer noch in weiter Ferne. Aber wir verstanden natürlich das Sicherheitsbedürfnis unserer Vermieterin. Sie stellte sich mit dem Namen Odette vor und mochte Ende vierzig gewesen sein. Das Haus war nach ihr benannt: *Casa Odette.*

Am 15. März zogen wir endlich ein. Es war ein schöner Gedanke, bald wieder mit den eigenen Möbeln und Einrichtungsgegenständen zu leben. Nach acht Tagen waren wir in unserer Villa so gut wie zu Hause. Es war fast schon alles nach unseren Wünschen eingerichtet. Wir konnten uns jetzt endlich für ein paar Tage bequem zurücklehnen. Dennoch, es musste geschäftlich bald etwas laufen, damit wir nicht eines Tages ohne eine Pesete dastanden.

Die *Urbanización* war damals zwar schon an die 20 Jahre alt, aber das Meiste war doch gut instandgehalten. Außerdem, und das schien uns sehr wichtig zu sein, lag diese deutsche Gartensiedlung nur 70 Meter hoch über dem Meer, so dass man hier noch in den Genuss des besonders warmen, aber dennoch gemäßigten Klimas kam, welches sich während der Wintermonate mit zunehmender Höhe über dem Meer sehr rasch in empfindlich kühlere Varianten verwandelt.

Unser Haus lag erhöht, gleichzeitig aber auch versteckt hinter einer drei Meter hohen Umfassungsmauer. Diesen aufwendigen Schutz vor ungebetenen Gästen leisteten sich die meisten Besitzer der besseren Häuser von *Romantica*. Wahrscheinlich wohl deshalb, weil hier seinerzeit uralte, seit ungezählten Generationen von Trockenmauern aus Natursteinen eingefasste Ackerterrassen bebaut worden waren, die den in Stadtregionen oder in intensiv genutzten Freizeitzonen der Insel üblichen Fruchtfolgezyklus hinter sich gebracht hatten: Bananen, Sozialbrache, Bauland. Die ursprünglichen Natursteine der Terrassenränder verputzte man anschließend rücksichtslos und tünchte sie strahlend weiß.

Das Haus jedenfalls war wunderschön und bot uns jede Menge Platz: zwei Schlafzimmer, einen Salon mit offenem Kamin, ein zum Büro umfunktioniertes Esszimmer, zwei große Gartenterrassen, eine große Garage und sogar eine Heimsauna Marke 'Quelle'. Das gleiche Modell hatten wir auch in unserem Haus in Deutschland! Die Küche verfügte zu allem Überfluss über den Luxus einer museumsreifen Geschirrspülmaschine und eines ebensolchen Backofens.

Der Einzug in unser neues Zuhause war irgendwie ähnlich überstürzt von statten gegangen wie unser Auszug aus Deutschland. Und wieder waren ein Haus und ein Container der Anlass. Das war schon sehr bemerkenswert. Aber jetzt, nachdem alles gut ausgegangen war, wollten wir endlich unsere neue Umgebung erkunden, wo wir ja schließlich baldmöglichst unser geplantes Geschäft betreiben würden.

Also fuhren wir hinunter nach *Puerto de la Cruz*. Die Touristenstadt mit ihren nicht gerade einladend wirkenden Hotelhochhäusern breitete sich unterhalb vor uns aus, umringt von einem breit hingelagerten, halbkreisförmig angelegten Bananengürtel, den wir wenig später mit dem Auto durchquerten. Der Himmel war an jenem Tag fast völlig wolkenlos und strafte damit sämtliche Reiseprospekte lügen. Im Hintergrund, hoch über dem Grabenbruch des Orotavatals, erhob sich deshalb deutlich sichtbar und majestätisch der gewaltige, ebenmäßig geformte Vulkankegel des *Pico del Teide*. So dürfte wohl auch Alexander von Humboldt den mit 3.718 Metern höchsten Berg Spaniens gesehen und bewundert haben, als er auf seinem Weg nach Südamerika der Insel 1799 einen berühmt gewordenen botanischen Forschungsbesuch abstattete. Nur von ausgesuchten Stellen auf der Nordseite der Insel bietet sich dieser erhebende, unvergleichlich schöne Anblick.

Aus der Nähe betrachtet sah *Puerto de la Cruz* dann doch wesentlich freundlicher als aus der Ferne aus. Der an die 80 Meter höher als das Stadtzentrum gelegene Vorort *La Paz* besitzt nur einige wenige höhere Bauten und scheint fast nur aus einem exotischen Blütenfeuerwerk zu bestehen. Am attraktivsten wirken immer wieder die leuchtend-violetten Hecken aus Bougainvillea und ihre Konkurrenten aus grellorange blühenden Feuerbignonien. Nicht minder zauberhaft geben sich die feuerroten Blüten der Afrikanischen Tulpenbäume. Erblickt man diese subtropische Pracht an einem der wenigen kühleren Tage des Jahres, so ist man glatt verführt, dennoch den wärmenden Pulli auszuziehen.

Direkt neben dem kleinen Zentrum von *La Paz* mit seinen zahlreichen Kneipen und Andenkenläden steht das hübsche Kirchlein *San Amaro*, und gegenüber befindet sich eine Aussichtsterrasse, die den Blick freigibt auf die unterhalb ausgebreitete Hochhausstadt. Doch eindeutiger Blickfang sind nicht die wenig einladenden Hotelbauten, sondern die von keinem

Geringeren als dem einzigen weltberühmt gewordenen Sohn der Kanaren, *César Manrique*, angelegten Schwimmbäder von *Martiánez*. Diese herrlich anzuschauende, weit ins Meer vorkragende Anlage mit dem Tiefblau der Pools und dem Grün der Palmen versöhnt den Betrachter einigermaßen wieder.

Die Stadtväter von Puerto haben *César Manrique* bei irgendeiner Gelegenheit einmal gefragt, wie ihm denn ihre Stadtanlage gefalle. Er soll geantwortet haben, man möge zunächst erst alles abreißen und von einem fähigen Architekten neu aufbauen lassen. Anschließend könne man sich über dieses Thema weiter unterhalten. Ganz so schlimm fanden wir die Stadt nun auch wieder nicht. Vermutlich, weil wir *Playa de las Américas* und seine Niveaulosigkeit vorab schon hinreichend kennengelernt hatten.

Wir bemerkten sogleich, dass *Puerto de la Cruz* trotz seiner Hotelhochhäuser keinesfalls ein Ort des totalen und brutalen Billigtourismus ist wie *Las Américas*. Im Gegenteil: Wir entdeckten trotz der auch hier teilweise halbnackt in der Stadt herumlaufenden Touristenschar sogleich massenweise elegante Geschäfte und Restaurants sowie eine organisch gewachsene, sehr hübsch anzuschauende historische Bausubstanz. Puerto oder *El Puerto*, wie die Einheimischen ihre Stadt nennen, ist also beileibe keine Touristenstadt aus der Retorte.

Der immer noch romantische Fischerhafen, flankiert vom ehemaligen Zollhaus mit dem alten Kran, bezeugt dieses ebenso, wie das *Ayuntamiento* genannte Rathaus, die aus dem 17. Jahrhundert stammende Kirche *Nuestra Señora de la Peña de Francia* oder die blendend weiß getünchte, nicht minder alte Kapelle der *Ermita de San Telmo* mitten auf der modern gestalteten Uferpromenade.

Ursprünglich war *Puerto de la Cruz* das Hafenanhängsel der 1496 gegründeten, altehrwürdigen Stadt *La Orotava*, die vier Kilometer weiter landeinwärts und 400 Meter hoch über dem Meer am Steilhang thront. Bis 1813 hieß der Ort deshalb auch *Puerto de la Orotava*, bevor er sich von *La Orotava* lösen konnte und als flächenmäßig kleinste Gemeinde der Insel sein eigenes *Ayuntamiento* erhielt. Schon seit 1603 war *Puerto de la Orotava* Handelshafen. Von hier aus wurden die landwirtschaftlichen und handwerklichen Produkte *La Orotavas* exportiert, vornehmlich nach England: anfangs Zucker, der aus dem auch hier kultivierten Zuckerrohr gewonnen wurde, später dann Wein und die berühmten Hohlsaumstickereien, die auch heute noch in der Stadt hergestellt werden. Im Jahr 1706 stieg *Puerto de la Orotava* über Nacht sogar zum einzigen Hafen an der gesamten Nordküste auf. Ein Vulkanausbruch hatte, wie schon erwähnt, mit seinen Lavamassen *Garachico*, den bis dahin bedeutendsten Hafen ganz Teneriffas, ein für alle Mal verschüttet.

Puerto de la Cruz war schon fast hundert Jahre früher als die Retortenstädte des Südens wegen seines besonders ausgeglichenen und gesunden Klimas der erste Fremdenverkehrsort Teneriffas. 1885 begann alles mit zunächst sehr bescheidenen 300 Gästen, doch nur sechs Jahre später kamen immerhin schon 5.000 Kurgäste. Von 1888 bis 1893 wurde bereits das *Gran Hotel Taoro* als Sanatorium von einer englischen

Firma erbaut, und 1905 übernahm eine deutsche Gesellschaft das noble Haus. Es nannte sich nun Gran Hotel Humboldt Kurhaus. Heute ist in dem repräsentativen Gebäude das hoch über der Stadt thronende Spielcasino untergebracht.

Zu unserer Zeit lebten auf den gerade neun Quadratkilometern der Touristenstadt etwa 25.000 Einwohner. Das war und ist der absolute Inselrekord: 2.808 Einwohner je Quadratkilometer! Und hinzu kamen ungefähr 31.000 Gästebetten, die im Durchschnitt jedoch nur zu 43 Prozent ausgelastet waren. Aber auf diese Weise lebten noch weitere 13.500 Menschen zusätzlich in dieser schon so dicht bevölkerten Stadt, in der jeder Dritte ein Tourist ist!

An der *Plaza del Charco*, dem zentralen Platz der Stadt, kehrten wir spontan ein, denn schließlich war es bereits gegen Mittag. Das Essen war aber wohl ausschließlich für touristische Laufkundschaft zubereitet, denn es hielt leider nicht ganz das, was das rein äußerlich so wunderschöne Lokal versprach. Es war in einem der herrlichsten, für die Kanarischen Inseln so typischen Innenhöfe untergebracht, die man hier *Patio* nennt. Die handgeschnitzten Geländer der umlaufenden, uralten Balkone aus dem ungemein harten und dauerhaften Holz der Kanarischen Kiefer zierte eine überwältigende Blumenpracht, und von überall hingen die geradezu obligatorischen, mit sattgrünen Farnen gefüllten Ampeln herunter. Aus der Lautsprecheranlage erklang gedämpfte kanarische Folkloremusik. Und über allem strahlte ein tiefblauer Himmel. Im oberen Teil des Patios hatte im Übrigen der Wochenspiegel seine Büros. Hier befand sich auch die

Anzeigenannahme, mit der Dirk aus *Alcalá* wegen unserer Annonce telefoniert hatte.

Die zauberhafte Atmosphäre ließ uns die zu schuhsohlenähnlichen Gebilden ausgebratenen Seezungen und den ganz offensichtlich gepanschten offenen Wein glatt als Nebensächlichkeiten abtun, obwohl wir beide in puncto Essen und Trinken eigentlich zu den anspruchsvollen Zeitgenossen gehören. Diese Leidenschaft hatten wir uns in Südbaden und im benachbarten Elsass zwangsläufig zu eigen gemacht. Nun gut, die Rechnung fiel erstaunlich niedrig aus. In Deutschland hätten wir an einem solchen Ort gut das Dreifache bezahlt.

Unser Heimweg führte uns noch vorbei am *El Botánico*, wie die Einheimischen ihren weltbekannten Botanischen Garten kurz und bündig nennen. Er befindet sich am oberen Rand von *La Paz*. Über eine Art Freitreppe gelangt man zu dem kleinen Kassenpavillon hinauf. Der Eintritt war so geringfügig, dass wir uns gegenseitig vielsagend anschauten.

Es war der auf Wunsch Karls III. handelnde sechste *Marquis de Villanueva del Prado, Alonso de Nava Grimón y Benítez de Lugo*, der den Botánico im Jahr 1788 mit Förderung durch die spanische Krone anlegte. Seine aus heutiger Sicht recht naiv anmutende Absicht war es, hier in *La Paz* exotische Pflanzen vornehmlich lateinamerikanischer Provenienz an das gemäßigtere Klima der Subtropen zu gewöhnen, um diese anschließend auf das spanische Festland umzusiedeln. Letzteres Vorhaben konnte jedoch aus verständlichen klimatischen Gründen nicht wirklich gelingen.

Immerhin aber unterhielt der in allen kulturellen Belangen der Insel sehr engagierte Marquis, seines Zeichens Abgeordneter des spanischen Parlaments und Präsident des Regionalen Gremiums, den *Botánico* über vier Jahrzehnte lang aus eigenen Mitteln! Nach seinem Tod wurde der Garten längere Zeit vernachlässigt, bis ihn schließlich der auf der Insel und über ihre Grenzen hinaus bekannte Schweizer Gärtner und Botaniker Hermann Wildpret 1860 unter seine Fittiche nahm.

Man kann einen halben Tag lang im *Botánico* verweilen, so reichhaltig und außergewöhnlich ist seine umfangreiche Pflanzensammlung. Aber bei weitem am beeindruckendsten ist und bleibt die riesige Würgerfeige *(Ficus dealbata)*, die unmittelbar nach Betreten des Gartens vor dem Besucher aufragt. Spätestens beim Anblick dieses gigantischen Prachtexemplars wurde mir für alle Zeiten klar, welche biologischen Urkräfte das ausgeglichene Inselklima freizusetzen vermag, und ich fragte mich unwillkürlich, ob wohl auch der hier lebende Mensch von dieser Energie profitieren kann.

Dieses uralte Maulbeergewächs besteht aus einer enormen Vielzahl von schnurgerade und lotrecht in die Höhe strebenden Stämmen. Es sind ehemalige Luftwurzeln, die einst den zarten Keimling zu Kräften kommen ließen, als er noch Aufsitzer seiner Wirtspflanze war. Kaum zu glauben, welch ein Riese innerhalb von 200 Jahren aus dem Pflänzchen wurde! Der einstige Wirt ging schließlich irgendwann im Lauf der Zeiten unter der allzu innigen Umarmung seines Gastes zugrunde.

Zurück zu Hause hatten wir uns gerade eben gemütlich auf dem Sofa zurechtgerückt und eine Flasche Sekt geöffnet, um unseren erfolgreichen Einzug zu feiern, als es klingelte. Ich öffnete die Haustür. Vor mir stand ein gedrungener, aber sehr kräftig aussehender bärtiger Mann von etwa fünfzig Jahren. Er trug einen schneeweißen Anzug und lächelte freundlich. Seine Begleiterin, eine sehr gepflegte und zugleich Sympathie ausstrahlende, gut gebaute Blondine mit langem Haar, mochte wohl an die 15 Jahre jünger sein als er.

„Was kann ich für sie tun," fragte ich höflich. Der Mann grüßte nicht minder höflich, und ich hörte sogleich seinen flämischen oder niederländischen Akzent heraus. „Sie sind ganz neu hier eingezogen?" Ich nickte, und er fuhr fort: „Darf ich mich vorstellen? Mein Name ist Jackie Moerman, und das hier ist Hannelore. Ich bin der Hausbesitzer."

Mir wäre fast das Sektglas aus der Hand gefallen, welches ich mit zur Tür genommen hatte. Mein Gegenüber schien zu erraten, was mir durch den Kopf ging. „Ja, sie haben ganz richtig verstanden. Ich bin der Hauseigentümer. Darf ich für einen Moment hereinkommen? Ich möchte ihnen gerne alles erklären." Natürlich bat ich die beiden herein. Hoffentlich gab es jetzt keinen Ärger!

Als Herr Moerman und seine Hannelore Platz genommen und ebenfalls Sekt vor sich stehen hatten, begann Jackie mit seiner unglaublichen Geschichte. Er versuchte, uns klar zu machen, dass er von Odette und ihrem Sohn Walter durch einen gemeinen Trickbetrug um sein Haus gebracht worden sei. Leider habe er schon zwei Gerichtsinstanzen verloren, es bestehe aber berechtigte Hoffnung, dass er die letzte Instanz in Madrid gewinnen werde.

Wie es möglich sein kann, dass man um ein Haus betrogen wird, war mir als Neuling natürlich völlig unerklärlich. Jackie als Experte auf diesem Gebiet weihte uns in die Geheimnisse des spanischen Eigentumsrechts ein. „In Spanien," begann er, „benötigte man für den Eigentümerwechsel einer Immobilie keinen notariellen Kaufvertrag wie etwa in Deutschland oder in Belgien." Deshalb hatte er vor 18 Jahren das Grundstück per Privatvertrag von Odette erworben und anschließend den Bungalow darauf gebaut. Da er anfangs noch nicht auf Teneriffa lebte, sondern ein Hotel in Belgien betrieb, habe er die hilfsbereite Odette mit der Verwaltung seines Hauses betraut.

Als Jackie vor 14 Jahren endgültig nach Teneriffa übersiedelte und in sein Haus einziehen wollte, wies ihm Odette mit ihrem Sohn Walter eiskalt die Tür, indem sie ihn davon in Kenntnis setzte, dass Walter der rechtmäßige Eigentümer des Hauses sei, denn schließlich sei er im Besitz der *Escritura*. Dagegen konnte Jackie in all den Jahren nichts unternehmen. Kein Gericht auf der Insel gab ihm Recht, weder die Kammer von *La Orotava* noch das Berufungsgericht in der Inselhauptstadt *Santa Cruz de Tenerife*.

Was er denn um Gottes Willen falsch gemacht habe, wollte ich wissen. Aber die Sache wurde einfach sprachlich zu kompliziert für Jackie. Sein Deutsch war zwar ganz brauchbar, aber eben nicht gut genug, um komplizierte juristische Feinheiten präzise zu erläutern. Hannelore war zwar Deutsche, aber sie hatte wohl auch nie so richtig kapiert, wie der Betrug sich im Detail abgespielt hatte. Sie war sprachlich auch schon so halb im Flämischen gelandet. Beispielsweise streichelte sie die Wäsche, wenn die Rede von Bügeln war.

Das Thema ließ mich jedoch nicht in Ruhe. Unwillkürlich fielen mir die Galgenvögel aus Dirks Café in *Alcalá* wieder ein. Hatte ich hier einen Lügner vor mir, der mir das Blaue vom Himmel erzählte? Und wenn ja, was wollte er damit bezwecken? So kam ich schließlich auf die Idee, in meinem Spanien-Aussteigerbuch von Werner Steuber nachzuschlagen. Und ich wurde tatsächlich fündig. In der Tat war es in Spanien so, dass man Immobilien ohne Einschalten eines Notars kaufen oder verkaufen durfte. Nur kann ein solcher Privatvertrag leider nicht in das Register, das spanische Pendant zum Grundbuch, eingetragen werden. Dieser Eintrag ist nur bei notariell beurkundeten Verträgen möglich. Und nur der Registereintrag sichert den Käufer vor jedweden Ansprüchen eventueller Dritter.

Im Klartext bedeutete dies, dass jemand, der von einer eingetragenen Person notariell kauft, das Eigentum auch dann rechtmäßig erwirbt, wenn sich zuvor, außerhalb des Registers, die Eigentümersituation per Privatvertrag längst schon verändert hatte! Damit sind natürlich kapitalen Betrügereien Türen und Tore geöffnet.

Im konkreten Fall also hatte Jackie auf Zureden von Odette hin ohne notariellen Vertrag von ihr gekauft. Schließlich konnte er sich die Notarkosten doch wirklich sparen, dachte er. Er ahnte jedoch nicht, dass ihn gerade diese Einsparung Kopf und Kragen kosten würde. Denn diese saubere Dame hatte daraufhin nichts Eiligeres zu tun, als das auf sie eingetragene Grundstück unmittelbar im Anschluss sofort noch einmal zu veräußern, und zwar an ihren ehrenwerten Sohn Walter. Dieses Mal jedoch vor dem Notar. Walter marschierte mit dem Dokument seelenruhig zum zuständigen Registeramt und ließ sich als rechtmäßiger Eigentümer eintragen. Jackie hatte daraufhin das Nachsehen und sein Haus in den Sand gesetzt.

Wir hatten wieder einmal viel über unsere Wahlheimat hinzugelernt. Aber wiederum plagten mich erhebliche Sorgen, was unsere geschäftlichen Ambitionen anbelangte. Morgen würden wir ernsthaft beginnen, erste Schritte zu unternehmen.

Unbegrenzte Unmöglichkeiten…

W ir hatten schon gleich nach unserer Ankunft in *Playa de la Arena* einen Spanischkurs belegt, um dem nervigen Zustand des Radebrechens möglichst zügig ein Ende zu bereiten. Nicht nur, dass wir permanent spanisches Kauderwelsch von uns gaben; nein, auch von der „Gegenseite" mussten wir Ähnliches über uns ergehen lassen, weil die *Canarios* fast ausnahmslos versuchten, uns mit einem englischen Kauderwelsch entgegenzukommen. Es war zwar gut gemeint und äußerst hilfreich, aber alles andere als schön. Wir gerieten dabei selbst ins Pidgin-English und liefen Gefahr, das einst so mühsam Erlernte in Vergessenheit geraten zu lassen und ein für alle Mal aufs Spiel zu setzen.

Ein wirklich erstklassiger Spanischkurs für deutsche Anfänger wurde damals vom *Colegio Alemán* in *Playa de las Américas* angeboten. Den Unterricht erteilte ein waschechter *Canario* namens *Álvaro*. Er hatte an die 30 Jahre lang an einem Düsseldorfer Gymnasium Spanisch gegeben und war gleich nach seiner Pensionierung in seine Heimat Teneriffa zurückgekehrt. Dort ließ er sein Arbeitsleben gemütlich ausklingen und verdiente sich neben seiner Rente noch ein willkommenes Taschengeld hinzu.

Álvaro war ein sehr kommunikativer älterer Herr, der nach Unterrichtsende gerne noch auf ein kleines Schwätzchen im Klassenraum stehen blieb. Da wir die Einzigen jenes Kurses waren, die über einschlägige Erfahrungen im Erlernen von Fremdsprachen verfügten, waren wir alsbald seine Lieblingsschüler, denn mit uns hatte er keine größere Mühe. Auf diese Weise kamen wir schnell ins Gespräch. Er war es dann auch, der uns konkret verriet, wie man auf der Insel zweckmäßigerweise vorgeht, um als Ausländer seine Arbeitsgenehmigung zu beantragen.

Absolute Voraussetzung für die Aufnahme einer legalen Berufstätigkeit war und ist die sogenannte *Residencia*, die Aufenthaltsgenehmigung für Spanien, die schon damals jeder Bürger eines EG-Staates ohne Einreisevisum vor Ort beantragen konnte. Man hätte die *Residencia* völlig problemlos direkt bei der Ausländerpolizei in *Santa Cruz* beantragen können. Aber leider waren wir anfangs nicht 'man', sondern sprachliche Analphabeten, wenn es um Spanisch ging. Englisch, Französisch und auch Latein nützten zwar etwas, aber insgesamt gesehen doch viel, viel zu wenig. Und für solche Fälle gab es mehrere hilfreiche Köpfe auf der Insel, ob klug oder nicht sei dahingestellt, die dem Einwanderungswilligen sämtliche Antragsformalitäten für ein relativ geringes Entgelt abnahmen. Man bezeichnet derart wohlgesonnene Dienstleister als *Gestores*, und ihre Büros sind folgerichtig *Gestorías*.

Der damals angeblich beste *Gestor* in solchen Angelegenheiten hieß *Don Fernando Quintero*. Seine beiden Büroräume befanden sich in einer schier unbeschreiblichen Bruchbude, und zwar in der *Calle Juan Padrón* 8, unmittelbar neben der Fußgängerzone von *Santa Cruz de Tenerife*. Schon im Treppenhaus fiel der Putz nicht nur von der Decke, sondern auch von den Wänden, und beim Betreten des Treppenaufgangs tastete ich automatisch mit dem rechten Fuß, ob die altehrwürdige Konstruktion diesmal noch halten würde.

Als wir endlich halbwegs sicher waren, außen vor der gesuchten *Gestoría* zu stehen, überkam mich schon eine kleine Vorahnung dessen, was hier so alles auf uns zukommen sollte. Aber es war wirklich nur eine kleine Vorahnung, weil ich ja immer noch völlig deutsch dachte und noch gar nicht wusste, dass Teneriffa diesbezüglich die Insel der wirklich unbegrenzten Unmöglichkeiten ist.

Wir öffneten eine schrottreife Tür im zweiten Obergeschoß, weil wir direkt daneben trotz der totalen Dunkelheit im Lichtschein meines Feuerzeugs ein kleines Schild mit der Aufschrift *'Gestoría'* an der bröckeligen Wand entziffern konnten. Wäre ich damals schon Nichtraucher gewesen, hätten wir *Don Fernando* vermutlich nie im Leben aufgespürt.

Wir waren sogleich medias in res, denn es gab weder ein Vorzimmer noch eine andeutungsweise in diese Richtung tätige Dame. Nein, nur etwa drei Meter jenseits der Türschwelle, unter dem einzigen Fenster des Zimmers, stand ein Schreibtisch, der über und über mit chaotisch zusammengewürfelten Aktenbergen beladen war. Hinter diesem Schreibtisch thronte ein korrekt gekleideter, älterer Herr, der ganz offenkundig glaubte, seine wirklich nicht mehr zu übersehende

Glatze unter dem wenigen ihm zu Gebote stehenden Resthaar verbergen zu können. Eine lange Strähne war mit äußerster Sorgfalt von links unten nach rechts unten quer über das Zentrum seiner Blöße gekämmt. Trotz allem aber glänzte seine Glatze fast ebenso auffallend, wie seine auf Hochglanz polierten hellbraunen Lederschuhe. Seine Kopfform, die Physiognomie des Gesichts und sogar seine Figur erinnerten mich unwillkürlich an eine Karikatur, die ich kurz zuvor während des Unterrichts bei *Álvaro* im Spanischlehrbuch "¡Eso es!" auf Seite 20 entdeckt hatte. Der Kellner vor der Bar würde glatt als *Don Fernando* durchgehen.

Ein kurzer Seitenblick in den türlosen Nebenraum sagte mir, dass der korrekt gekleidete Herr vor mir niemand anderes als *Fernando Quintero* sein konnte. Er also war der Mann, über dessen Schreibtisch fast jeder Ausländer aktentechnisch lief, der auf Teneriffa irgendwelche behördlichen Angelegenheiten zu erledigen gedachte.

Nicht zu fassen, denn außer *Don Fernandos* Kleidung war in dieser Bruchbude nichts, aber auch gar nichts in Ordnung. Die üblicherweise als Bodenbelag verwendeten nullachtfünfzehn Billigfliesen wiesen größere Stellen mit kraterähnlichen Löchern auf, welche dem einen oder anderen Klienten sicherlich schon zum Stolperstein geworden waren; fast sämtliche Elektroleitungen waren nicht gerade akribisch auf Putz verlegt. Sie wären für jeden deutschen Elektroinstallateur eine absolute Sehenswürdigkeit gewesen. Der Wandputz war ringsherum schon in grauer Vorzeit überall ausgebessert, aber nie wieder angestrichen worden. Und die Akten, ich mochte wetten, standen dieser Bruchbude in puncto Ordnung garantiert in nichts nach. Dessen war ich mir ganz sicher.

Der vielbeschäftige *Gestor* würdigte uns zunächst keines Blickes. Er war ganz in eine Akte vertieft, die ihm besondere Kopfschmerzen zu bereiten schien. Nach mehreren Minuten griff er zum Telefonhörer. Erst jetzt schien er uns zu bemerken und grüßte vom Schreibtisch aus mit der Frage: "Was aben sie Problema?"

Ich sah seinen matten Augen mit Kennerblick an, dass er am Vorabend einen zu viel hinter die Binde gegossen hatte, und es deutete alles darauf hin, dass er sich diesem zweifelhaften Vergnügen tagtäglich hingeben würde. Nachdem wir ihm unsere Sorgen in wenigen Worten geschildert hatten, um seine merklich knapp bemessene Zeit bloß ja nicht zu strapazieren, bedeutete er uns mit einer linkischen Handbewegung, dass wir in der vergammelten Warteecke hinter der Eingangstür Platz nehmen sollten.

Dann wählte er eine Nummer, und alsbald entspann sich mit seinem Gesprächspartner ein unendlich währender, teilweise recht lautstark geführter Disput. Das Wort 'Furrungsseuknis' verriet mir, dass es wohl um einen Residencia-Antrag ging, denn hierzu benötigte man ein Polizeiliches Führungszeugnis, welches in letzter Not über das Deutsche Konsulat in *Santa Cruz* beantragt werden konnte. Mit einem der dort arbeitenden Weisungsempfänger, die sich durch weiter nichts als durch ätzende Arroganz auszeichneten, hatte er sich offensichtlich in der Wolle.

Nach zehn Minuten schmetterte er den Hörer ärgerlich auf die Gabel und verschwand ohne ein Wort. Es war zwischenzeitlich halb zwölf geworden. "Ich glaube, der geht jetzt zum Konsulat und knöpft sich den arroganten blonden Fatzken hinter dem Tresen vor," sagte ich spaßeshalber zu Irene. Wir lachten und begannen, in den asbachuralten Zeitschriften deutscher und englischer Provenienz zu blättern, die auf einem dreckigen Tisch vor uns herumlagen.

Um ein Uhr fing ich an nachzurechnen, wie lange man per Taxi zum Deutschen Konsulat und zurück benötigte. Die dort übliche Wartezeit plus eine halbe Stunde Diskussion addierte ich. Unter dem Strich kam ich auf gut zwei Stunden. Und tatsächlich: Kurz nach halb zwei betrat *Don Fernando* mit äußerst wichtiger Mine und ebensolcher Gestik sein Büro.

Er verschwand ohne Umschweife im Hinterzimmer, wo sich noch zwei weitere Schreibtische befanden. An einem davon arbeitete eine junge Dame, die hier sozusagen als rettender Engel alles im Griff zu haben schien. Wann auch immer der Alte ein Schriftstück nicht fand, was bei seinem Organisationstalent permanent an der Tagesordnung war, suchte sie stets mit vollem Erfolg danach.

Erst jetzt bemerkten wir, dass dort um die Ecke, von uns bislang ungesehen, ebenfalls Kundschaft gewartet hatte! Eine Deutsche, welche die einmalige Gunst der Stunde nutzte und jetzt schier endlose Debatten über die Ummeldung ihres Autos führte. Und auf einem zerfledderten und zwischenzeitlich auch längst verblichenen Zettel neben der Eingangstür stand, dass *Don Fernando* seine Bude um zwei Uhr dichtzumachen gedachte, vorausgesetzt, der museumsreife Wisch besaß noch seine Gültigkeit, was aber anzunehmen war.

Ich sah schon pechschwarz für uns und unser Anliegen. Alsbald aber war es bereits nach zwei, und die Autoummeldung war trotzdem noch immer in der Mache. Was mochten das wohl für enorme Probleme sein, die eines Tages sicherlich auch auf uns warteten? Ein Fünkchen Hoffnung keimte auf. Vielleicht würde *Don Fernando* heute auch für uns noch Überstunden machen, weil wir schon so lange gewartet hatten.

Gegen halb drei war es dann endlich so weit. Die Kundin verließ das Büro, und *Don Fernando* setzte sich an seinen Schreibtisch. Er kramte in irgendeiner Schublade herum, bis er einen Zettel fand, den er uns herüberreichte. Es war eine Auflistung sämtlicher Unterlagen, die er für die Beantragung unserer *Residencia* benötigte. Wenn wir alles zusammengetragen hätten, sollten wir *mañana* wiederkommen! Wieder einmal war ich fassungslos und tat widerwillig so, als ob alles seine Ordnung habe.

Ich reichte dem Herrn einen großen Briefumschlag mit der Bemerkung, dass sich darin komplett alle Unterlagen befänden, die er benötige. Solche Umsicht hatte der Mann offensichtlich noch nie erlebt, denn nun war er seinerseits fassungslos. Das merkte man ihm deutlich an. Trotzdem konnten wir ihn nicht überreden, die Sachen doch bitte jetzt anzunehmen. Wir waren doch eigens den weiten Weg von *Puerto de la Cruz* hierhin gekommen, über fünfzig Kilometer hin und auch wieder zurück. Es half alles nichts. Wir mussten am nächsten Tag wieder nach *Santa Cruz*. *Mañana*!

Von heute an hatten wir geschlagene zehn Monate lang anfangs mindestens zweimal, dann mindestens noch einmal pro Woche bei *Don Fernando Quintero* zu tun, bloß weil es um eine *Residencia*, eine Arbeitserlaubnis und eine Autoummeldung ging. Der dafür betriebene Fahraufwand belief sich auf rund gerechnet 6.000 Autokilometer, also gut einmal nach Deutschland und wieder zurück!

Aber das war längst nicht das Schlimmste. Viel schlimmer noch waren die Problemhürden, die sich immer und immer wieder in den Weg stellten, obwohl wir uns im Besitz sämtlicher für die Antragstellungen notwendigen Papiere befanden. *Don Fernando* schob ganz einfach alles auf die involvierten Behörden. Ich hingegen schob es, wohlweislich ohne Worte, in erster Linie auf seine eigene bodenlose Schlampigkeit und erst dann auf die Behörden.

Natürlich waren die Amtsstuben ebensolche Oasen der unbegrenzten Unmöglichkeiten, wie *Don Fernandos* kleiner Saustall. Der Unterschied zwischen beiden Institutionen bestand jedoch in der Person eben dieses *Don Fernando Quintero*. Er selbst nämlich war ein solcher Trottel, dass er bei jeder kanarischen Behörde spätestens nach Ablauf von wenigen Tagen rausgeflogen wäre. Ein solches Kunststück brächte gewiss nicht ein jeder fertig. Vermutlich hatte er dereinst auf diesem Weg zur beruflichen Selbständigkeit gefunden.

Gestorías fungierten ursprünglich als Bindeglieder zwischen dem des Lesens und Schreibens unkundigen Staatsbürger und den für ihn zuständigen Amtsstuben. Auf diese Art von Klientel war denn auch *Don Fernandos* Service offensichtlich noch immer zugeschnitten. Sicherlich lag er richtig mit der Einschätzung, dass die Sprachlosigkeit neu eingewanderter Ausländer einige Merkmale mit dem Analphabetismus seiner Landsleute teilt, aber eben wirklich nur einige wenige. Genau dieses hatte er bei seiner Geschäftspolitik übersehen.

Am nächsten Morgen musste ich auf die Zähne beißen, um mich in die Lage zu versetzen, abermals nach *Santa Cruz* zu fahren. Heute warteten wir allerdings nur etwa eine Stunde, bis wir an der Reihe waren. Ich erklärte *Don Fernando* unser geschäftliches Vorhaben, nämlich mit naturkundlich interessierten Touristen geographische Inselexkursionen im Minibus durchzuführen. Der Mann wiegte voller Bedenken sein Haupt hin und her. So etwas hatte er seiner Lebtag noch nicht gehört. Er konnte sich nicht so recht vorstellen, dass es überhaupt Touristen geben soll, die sich für so einen Unfug interessieren würden.

Eigentlich konnte ich ihn verstehen, denn wenn man sich in den einschlägigen Hotels die sogenannten Animationsprogramme anschaute, musste man ihm beipflichten. Sie waren ausschließlich zugeschnitten auf die Interessen von Krethi und Plethi. Aber trotzdem wusste ich, dass es auch andere Hotelgäste geben musste, denn es existierte schließlich auch einschlägige deutschsprachige Reiseliteratur zu meinen Themenkomplexen. Außerdem führten die Hotelkioske nicht nur die Bildzeitung, sondern auch die FAZ, die Zeit, den Spiegel und die Süddeutsche Zeitung.

Don Fernando tat jetzt etwas, das ich ihm nie zuge-traut hätte. Er rief *Viajes Insular* an, eines der größten Reisebüros von *Puerto de la Cruz*, und verlangte den *Jefe* zu sprechen. Der Chef war ein *Amigo*, und ihn fragte *Don Fernando* jetzt, wie er meine Chancen wohl einschätzen würde. Der Mann teilte ihm aus dem Stegreif mit, dass sich höchstens zwei bis drei Prozent der Touristen für mein Angebot begeistern lassen würden.

Insgeheim leistete ich bei *Don Fernando* Abbitte für meine Gedanken, die ich noch tags zuvor über ihn ge-hegt hatte, obwohl diese dem Grunde nach durchaus nicht ihrer Grundlage entbehrten. Aber heute hatte unser *Gestor* wirklich einen ganz lichten Moment ge-habt. Und er sollte demnächst, allerdings letztmalig, noch einmal einen solchen haben.

Ich erklärte ihm, dass die zwei bis drei Prozent für mich akzeptabel seien. Er könne den Antrag auf Ar-beitsgenehmigung so stellen, wie besprochen. Er hatte sich heute offenbar so angestrengt, dass er Schluss machen musste. Wir sollten morgen wieder-kommen.

Mañana standen wir wieder pünktlich auf der Matte. *Don Fernando* hatte schon wieder seine Saufäugel-chen. Aber diese waren nicht der Grund dafür, dass er uns an seine Mitarbeiterin im Nebenzimmer verwies, wie wir sogleich feststellen konnten. Die junge Dame war offensichtlich am Vortag noch fleißig gewesen, denn sie hatte auf ihrem Schreibtisch einen DIN-A4-Umschlag liegen, der die Aufschrift 'Udo' trug. Und so begrüßte sie mich denn auch: *"Buenos diaz, Udo. Qué tal?"*

Die *Señorita* wollte mich keineswegs duzen, sondern sie war lediglich dem großen Irrtum der meisten Spanier aufgesessen, der sehr häufig auftritt, wenn es um ausländische Namen geht. Zum einen besitzt man in Spanien immer zwei Hausnamen, was in Deutschland die große Ausnahme ist. Hier gibt es allenfalls den einen oder anderen Doppelnamen. Zum anderen sind hierzulande Namen wie 'Moll' oder 'Udo' Jacke wie Hose. All das zusammengenommen bietet deshalb immer wieder Anlass zu heillosen Verwechslungen. Damals wusste ich noch nicht, dass es wenig Sinn macht, in einem solchen Fall korrigierend eingreifen zu wollen. Also versuchte ich, die *Señorita* auf die richtige Namensfährte zu bringen, was mir aber gründlich misslang. Deshalb trete ich noch heute in allen spanischen Dokumenten als der deutsche Udo auf, welcher mit Vornamen Moll heißt! Niemand außer einem deutschen Autobahnpolizisten wollte mir aber daraus bislang einen Strick drehen.

Die *Señorita* öffnete den DIN-A4-Umschlag und zog einen ganzen Stapel von Antragsformularen hervor. Die einzelnen Bögen waren bereits fix und fertig ausgefüllt, so dass wir nur noch jede Menge Unterschriften zu leisten hatten, ohne zu wissen, was wir da überhaupt unterschrieben. Aber dieser Akt war nun einmal unumgänglich.

Und nun kam endlich das entscheidende Thema auf den Tisch des Hauses. Die Geldfrage. Die Rechnung für *Don Fernandos* Tätigkeit war sofort fällig, was mich nicht weiter störte. Aber dann waren auch noch sofort fällig die *Autónomo* bei der *Seguridad Social* und die *Licencia Fiscal*.

Die *Señorita* bemerkte sogleich, dass ich die Augenbrauen hochzog. Deshalb klärte sie mich in gebrochenem Englisch etwas genauer auf. Die *Autónomo* war die Sozialversicherung, die in Spanien jeder Selbständige pauschal monatlich zu entrichten hat. Sie betrug damals 15.898 Pesetas monatlich, umgerechnet etwa 254 Mark. Und die *Licencia Fiscal* war sozusagen die Eintrittskarte für das Finanzamt. Sie kostete einmal jährlich ungefähr 300 Mark. Ohne diese Eintrittskarte durfte man keine Steuern bezahlen, und ohne sie durfte man logischerweise auch kein Geld verdienen. Aber umgekehrt musste man mit ihr auch tatsächlich Steuern bezahlen oder zumindest vierteljährlich Steuererklärungen abgeben, und zwar auch dann, wenn man gar kein Einkommen erzielt hatte, weil beispielsweise überhaupt noch keine Arbeitserlaubnis existierte.

Jetzt bemerkte ich zum ersten Mal, dass ich allmählich begonnen hatte, die typisch deutsche Denke wenigstens etwas zu reduzieren. Ich war mir zwar in aller Deutlichkeit darüber im Klaren, dass ich ab jetzt für meine Berufstätigkeit allmonatlich zur Kasse gebeten wurde, obwohl ich noch lange nicht arbeiten durfte. Ohne Arbeitsgenehmigung war ja Arbeit nun einmal verboten. Aber ich regte mich nicht weiter auf, sondern zahlte.

Ein paar Tage später ging der ganze Zirkus wieder von vorne los. Wir erhielten ein Telegramm von *Don Fernando Quintero*, welches *grandes problemas* avisierte, verbunden mit der Bitte, umgehend nach *Santa Cruz* zu kommen. Warum er nicht das Telefon benutzte, blieb für immer sein ureigenstes Geheimnis.

Als wir sein Büro betraten, überfiel er uns gleich mit den Worten: „Excursiónes mit Touristas nich posible!" Das war wie Knüppel auf Kopf. Natürlich nicht das Kauderwelsch, sondern der Inhalt dieser Botschaft. Mir rutschte vor Schreck das Herz in die Hose. Eine Arbeitsgenehmigung zur Ausübung der geplanten Tätigkeit wurde nicht erteilt! Damit waren wir bereits jetzt am Ende. Das durfte doch hoffentlich nicht wahr sein!

Ich hatte wieder einmal typisch deutsch gedacht, nicht ahnend, dass Teneriffa wirklich die Insel der unbegrenzten Unmöglichkeiten ist. *Don Fernando Quintero* hatte zum zweiten Mal für mich gedacht und schon alles vorbereitet. „Sie aben nächste Woche Terminn in die Asociación von gestorías. Ich sonst nix mer wissen!"

Das war eine ganz tolle Idee, denn nur so konnte ich wirklich noch etwas machen. Es zahlte sich wieder einmal aus, dass ich Mitglied der Schutz-Gemeinschaft in Waldshut war, denn durch sie bekam ich für den bevorstehenden, alles entscheidenden Termin einen hervorragenden Dolmetscher namens Haller vermittelt. Er berechnete zwar horrende Stundensätze nach deutschem Strickmuster, aber das sollte sich in meinem Fall durchaus lohnen. Die Tage bis zur Entscheidung vergingen natürlich furchtbar langsam. Die wie ein Damoklesschwert über unseren Häuptern schwebende Ungewissheit war kaum noch zu ertragen.

Endlich war es dann so weit. Hopp oder Top lautete die Devise. Irene war daheim geblieben, weil sie den Stress nicht mehr ertragen konnte. Der Vorsitzende der Gestorenkammer höchst persönlich klärte mich also noch einmal in aller Deutlichkeit über die Sachlage auf. Der Beginn hörte sich an wie eine Horrorgeschichte, geradezu so, als wolle er mir gehörig Angst einjagen. Ich müsse zu allererst ein eigenes Reisebüro eröffnen, denn nur eine *Agencia de Viajes*, wie man ein Reisebüro hier nennt, darf *Excursiónes* veranstalten. Die Konzessionen für Reisebüros aber seien streng limitiert und natürlich auf Jahre hinaus restlos vergeben! Dennoch gäbe es die Möglichkeit, ein Reisebüro zu kaufen. Einschlägige Angebote stünden hin und wieder in der Zeitung. Darüber hinaus könne ich aber auch versuchen, ein Reisebüro zu finden, welches bereit wäre, mit mir zusammenzuarbeiten. Gegen Provision natürlich. Üblich wären in einem solchen Fall fünfzig Prozent. Aber er sehe da möglicherweise noch eine bessere Chance.

Nun begann er, ganz eifrig in verschiedenen Loseblattsammlungen und Gesetzestexten nachzuschlagen. Es dauerte etwa fünf Minuten. Plötzlich schob er den Bücherstapel beiseite, schmunzelte und meinte, er habe jetzt die günstigste Lösung gefunden. Ich war gespannt wie ein Flitzebogen. Hoffentlich, so dachte ich, kommt er jetzt letztendlich doch noch mit einem brauchbaren Vorschlag voran. Sonst wäre wirklich alles vergeblich gewesen. Nicht vorzustellen!

„Sie sind doch Geologe oder so etwas Ähnliches. In dieser Eigenschaft könnten sie beispielsweise ein Museum eröffnen; ein Museum mit einer Gesteinssammlung. Und für den Besuch dieses Museums verlangen sie Eintritt. Ihre Museumsbesucher holen sie morgens an den Hotels ab und fahren mit ihnen gratis zum Museum. Welche Fahrtroute sie dabei wählen, bleibt ganz ihnen überlassen. Das heißt, sie machen zunächst eine ganztägige Gratisexkursion über die gesamte Insel, die nachmittags in ihrem Museum endet. Nach dem Besuch des Museums bringen sie die Klienten wieder zu den Hotels zurück. Oder auch umgekehrt. Zuerst ins Museum und anschließend eine Exkursion zurück zum Hotel. Das ist dann völlig legal! Sie dürfen eben nur für den Transport kein Entgelt verlangen. Das ist strikt verboten."

Die Insel der unbegrenzten Unmöglichkeiten! Hier ist wirklich alles möglich, selbst das soeben gehörte, für unser deutsches Rechtsempfinden völlig absurde juristische Konstrukt. Jetzt ging mir endlich ein Licht auf, denn ich wusste plötzlich, warum in *Playa de las Américas* oder auch in *Puerto de la Cruz* unzählige heruntergekommene, schrottreife Busse irgendwelcher Unternehmen herumfahren, die auf allen Seiten in unübersehbar großen Lettern die Aufschrift 'gratis' tragen! Mir fiel eine tonnenschwere Last vom Herzen.

Ich bedankte mich mit geradezu überschwänglicher Freude beim Obergestor und bei Herrn Haller, ließ einen Haufen gut angelegten Geldes dort liegen und machte mich schleunigst auf den Heimweg, um Irene Bericht zu erstatten. Darauf würden wir anstoßen müssen. Es lag noch eine Flasche Sekt im Kühlschrank.

Der Kampf ums Überleben beginnt

D on *Fernando* eröffnete mir einige Tage später, dass ich zur Beantragung meiner geologischen Fotoausstellung – für ein Museum mit Gesteinssammlung fehlten mir auf die Schnelle jegliche Exponate – zunächst einmal vorab einen entsprechenden Geschäftsraum nachweisen müsse. Schon wieder Kosten, lange bevor die Aussicht auf Einkommen bestand. Der Teufel sollte diese spanische Bürokratie holen!

Zähneknirschend machte ich mich auf die Suche. Schließlich fand ich aufgrund einer Annonce im Wochenspiegel eine als Büro eingerichtete, große Garage, die als fingierter Ausstellungsraum durchaus geeignet war. Roland Lambert hieß der Eigentümer. Er besaß eine deutsche Autovermietung. Wir wurden uns sehr schnell handelseinig, denn die Miete betrug nur 40.000 Peseten, was zum damaligen Zeitpunkt etwa 640 Mark entsprach. Der Preis schien mir für einen Geschäftsraum in Ordnung zu sein, zumal wir uns in Zugzwang befanden. Am allerwichtigsten war die Tatsache, dass hier ein funktionierendes Telefon stand! Ein technisches Wunderwerk von unvorstellbar hohem Wert, wie ich bei Dirk in *Alcalá* gelernt hatte.

Roland war ein waschechter Bayer, dem das Familiengericht in München dereinst ganz übel mitgespielt hatte. Deshalb war er schon vor zehn Jahren nach Teneriffa gekommen und hatte sich mit seiner zweiten Frau und seiner Tochter aus erster Ehe zunächst mehr schlecht als recht durchgeschlagen. Schließlich hatten sie die Idee mit der Autovermietung. Sie begannen ganz bescheiden, mit ihrem eigenen Privatwagen unter der Hand. Jetzt aber verfügten sie immerhin schon über eine respektable Flotte von 34 Autos.

Ich war zum damaligen Zeitpunkt sehr froh, die Bekanntschaft dieses Mannes gemacht zu haben, denn er kannte hier sämtliche Tricks und Winkelzüge, die für einen ahnungslosen Neuankömmling wie mich lebenswichtig sein konnten. Ich merkte ihm jedoch sogleich an, dass er von seinen deutschen Landsleuten offenbar alles andere als begeistert war, was in ganz besonderem Maße für diejenigen unter ihnen galt, die hier auf der Insel lebten.

Mein Glück war es, dass ich ganz neu hier war. Sonst hätte er vermutlich nie und nimmer an mich vermietet. Er war immerhin der Erste, der mich eindringlich vor allen hier lebenden Deutschen warnte. „Hüte dich vor Sturm und Wind und vor Deutschen, die im Ausland sind." Es handle sich zu 99 Prozent um reinen Abschaum, den die Insel wie ein magisches Sammelbecken mit geradezu magischen Kräften angezogen habe. Ich solle ihn bloß anrufen, bevor ich mich in irgendwelche Geschäfte mit einem von diesen Pennern einließe! Das war eine umwerfend deutliche, aber ebenso ehrliche Sprache. Der Mann hatte hier offenbar genügend schlechte Erfahrungen gesammelt.

Eine kleine Kostprobe dieser Erfahrungen erlebte ich am nächsten Tag, als wir in seinem Büro den Mietvertrag unterzeichneten. „Eigentlich könnten wir uns das schenken," meinte er zynisch. „Weil, wennst nix zahlst oder was kaputt machst, kenna ma eh nix machn. So ist das hier nun mal. A jeder hat seine Narrenfreiheit und kann tun und lassen, was er will. Polizei oder gar Justiz kannst du vergessen. Hier regelt man seine Sachen selber." Für mich hörte sich das ganze an wie eine Story aus einem billigen Wildwestschmöker. Aber Roland versicherte mir, dass es hier tatsächlich so sei.

In diesem Moment betrat ein Kunde das Büro der Autovermietung und erkundigte sich nach der Tagesmiete für einen *Seat Marbella*. Nach Erhalt der gewünschten Auskunft fragte er, ob denn noch ein kleiner Nachlass möglich sei. Roland verneinte mit dem Hinweis, dass seine Preise absolut auskalkulierte Nettopreise seien. Dennoch ließ der Kunde nicht locker. Ob denn auch nicht für einen deutschen Landsmann etwas zu machen sei, wollte er wissen. Nun bewies Roland, dass er seine kurz zuvor dargelegte Wildwestattitüde tatsächlich ernst gemeint hatte. Wie aus der Pistole geschossen kam seine Antwort: „Die Deitschen, des san eh ois Orschlöcher!" Na, das konnte ja noch heiter werden auf der Insel. Aber das war mir in dem Augenblick egal. Hauptsache, wir hatten den dringend benötigten Geschäftsraum sicher!

Don Fernando hatte mir auf mein Drängen hin ausdrücklich versichert, dass ich mit meiner geschäftlichen Tätigkeit beginnen dürfe, obwohl ich noch keine *Residencia* und auch noch keine *Apertura* besaß.

Letzteres ist die von der zuständigen Gemeindeverwaltung ausgestellte Urkunde, welche die rechtmäßige Eröffnung eines Ladenlokals bescheinigt. In meinem Fall war das die Fotoausstellung. Wenn alle Antragsformalitäten korrekt erledigt seien, dürfe man sich ans Werk machen. Und das versuchte ich natürlich postwendend. Es war inzwischen schon Mai geworden. Die Zeit flog nur so dahin und zehrte deutlich spürbar an unseren Geldvorräten.

Ich hatte zwischenzeitlich fleißig im Gelände fotografiert und unsere Ausstellung eingerichtet. Endlich waren auch die Werbeprospekte fertig geworden, die wir bei einer Druckerei in *Puerto de la Cruz* bestellt hatte. Ein Freund Jackies bastelte mir in seiner Werkstatt für teures Geld eigens fünfzig Displays, in welchen sich unsere Prospekte dezent aber auffallend auf Rezeptionstheken präsentieren ließen. Genauso hatte ich mir den Verkauf unserer „Vulkan-Expedition" vorgestellt.

Wir zogen also endlich los und klapperten die Rezeptionen aller möglichen Nobelhotels in *Puerto de la Cruz* sowie testhalber auch in *Playa de las Américas* ab. Etwa zwei Drittel der Rezeptionschefs erlaubten uns, unsere Prospekte aufzustellen, nachdem ich genau erklärt hatte, worum es ging. Mein Spanisch war dank *Álvaro* schon so weit fortgeschritten, dass ich diese Aufgabe einigermaßen bewältigen konnte. Immerhin kamen an die 30 Vier-Sterne-Bettenburgen zusammen, so dass wir ab sofort täglich zwischen 17 und 20 Uhr Telefondienst in unserem Fotobüro machten. Schließlich war ja jetzt damit zu rechnen, dass sich hoffentlich zahlreiche Kunden zu einer

Exkursion anmeldeten. Leider aber war dies nicht mehr und nicht weniger als ein frommer Wunsch, ein Schuss in den Ofen.

Woran mochte es bloß liegen, dass sich niemand für unsere Exkursionen zu interessieren schien? Weder Deutsche noch Engländer? Ich zermarterte mir fieberhaft das Hirn. Doch es nützte nichts. Mit Nachdenken kam man hier nicht weiter. Als erstes machte ich deshalb einen Rundgang durch alle Hotels, in denen wir Prospekte ausgelegt hatten. Bei vielen waren keine Prospekte mehr vorhanden. Sie waren mitsamt dem teuren Display von der Bildfläche verschwunden. Bei den Rezeptionisten erntete ich nur bedauerndes Schulterzucken. Es sah ganz danach aus, als hätten irgendwelche entfernten Konkurrenten oder solche, die uns dafür hielten, unsere Reklame unauffällig verschwinden lassen. Ich dachte wieder an Rolands Worte. Reiseleiter standen noch nicht auf meinem Zettel, denn ihnen traute ich naiverweise so etwas noch nicht zu.

Dort, wo die Displays noch standen, fehlten nur ganz wenige Prospekte. Offensichtlich bestand nicht wirklich Interesse an unseren Fahrten. Jedenfalls war uns sogleich sonnenklar, dass ein Verkauf so, wie wir ihn uns als Teneriffalaien vorgestellt hatten, auf gar keinen Fall funktionieren würde. Das Geld für die Prospekte und die teuren Displays war leider in den Sand gesetzt. Und das ausgerechnet jetzt, wo Verluste allmählich zu schmerzen begannen.

Unsere Nerven waren bis zum Zerreißen gespannt. Entsprechend gedrückt war auch unsere ansonsten immer gute Stimmung. Jetzt standen wir so richtig unter Stress und Leistungsdruck, mit dem Rücken an der Wand! Es musste einfach gelingen, das Geschäft in Gang zu bringen, daran führte kein Weg mehr vorbei. Gleich am nächsten Tag ging ich mit Irene an die Aufgabe heran, die Ursachen für das Scheitern unserer Verkaufsversuche herauszufinden. Wir hatten uns einen ganz bestimmten Insider der Szene herausgesucht, der es eigentlich wissen sollte.

Wir unterhielten uns ausführlich mit einem alteingesessenen Kneipenwirt namens Dieter, der schon seit 20 Jahren auf der Insel lebte. Der Mann besaß eine florierende Bierschwemme in *Las Américas*. Hier hatten wir schon einmal ein oder zwei Bier getrunken, als uns ein heftiger Regenschauer auf dem Weg zu *Abdón* fluchtartig ins Trockene flüchten ließ. Dieter warnte uns eindringlich vor *Las Américas*: „Hierher kommt nur der Abschaum Europas. Kultivierte Menschen meiden diesen Sündenpfuhl wie die Pest. Die guten Leute machen in *Puerto de la Cruz* Urlaub und nicht etwa hier. Außerdem bestehen auf Teneriffa ganz gravierende saisonale Unterschiede zwischen Sommer- und Winterhalbjahr. Im Sommer kommen viel weniger und viel schlechtere Leute. Ihr könnt euer Geschäft nur im Winter und auch nur in *Puerto de la Cruz* betreiben. Hier in *Las Américas* fallt ihr mit Sicherheit voll auf die Schnauze."

Das waren ja erschöpfende Auskünfte, die wir da aus dem berufenen Mund des Insiders zu hören bekamen. Den Unterschied zwischen *Puerto* und *Las Américas* kannten wir ja bereits. Darüber waren wir uns im Klaren. Aber nun wussten wir eben auch, warum in keinem der beiden Orte Interessenten für unser Angebot vorhanden waren. Es galt also, auch noch den gesamten Sommer zu überbrücken, bis es richtig losgehen konnte. Wie sollten wir das noch überstehen?

Sicherheitshalber gingen wir noch zum örtlichen Reisebüro von *Viajes Insular* und versuchten, dort jemanden zu finden, der uns die Ansicht Dieters bestätigen konnte. Damals arbeitete dort ein freundlicher Holländer, der fließend Deutsch sprach. Er lachte, als er hörte, was wir da ausprobiert hatten und riet uns ebenso dringend, unser Glück unbedingt nur in *Puerto de la Cruz* und nur im Winterhalbjahr zu probieren.

Ein paar Tage später waren wir bei Jackie und Hannelore zum Kaffee eingeladen. Sie wohnten in *Chayofa*, einem unter Insidern geradezu berüchtigten Ausländergetto oberhalb von *Los Cristianos*. Rein äußerlich könnte man die gepflegte, in ihrer Blütenpracht zu ertrinken drohende Oase inmitten der Halbwüste für ein kleines Paradies halten. Aber unter den vielen Nachbarn gönnt der eine dem anderen nicht das Schwarze unter den Nägeln. Es entbrennen dort immer wieder regelrechte Kleinkriege um Dinge wie Hundekot, nächtliche Ruhestörung oder das Kehren der Straße. Wegen einer solchen Bagatelle ist sogar vor vielen Jahren ein Mord geschehen, als einem dieser Spießer die Sicherungen durchknallten.

Wir kamen selbstverständlich auf unseren Fehlstart mit der blauäugig durchgeführten Prospektaktion zu sprechen und berichteten von unserer Absicht, es nunmehr nur noch im winterlichen *Puerto de la Cruz* versuchen zu wollen. Und jetzt hatte Jackie plötzlich eine hervorragende Idee, die wir sofort aufgriffen. Er meinte nämlich, wir sollten in verschiedenen Hotels einmal wöchentlich Diavorträge über unser Thema halten. Anschließend könnten wir aus dem Publikum genügend Kunden für unsere Exkursionen generieren. Hannelore spann Jackies Idee sofort weiter und setzte noch eins drauf. Sie meinte beiläufig, dass sie an unserer Stelle Eintritt für die Diavorträge verlangen würde. Damit träfen wir vorab schon eine gewisse Vorauswahl unter den Hotelgästen. Denn die bloßen Laumänner, die ohnehin nichts mitmachen würden, was Geld kostet, wären auf diese Weise schon herausgefiltert. Und es kommt zusätzliches Geld in die Kasse!

Jetzt sah die Welt auf einmal wieder etwas rosiger aus. Wir waren augenblicklich wieder voller Tatendrang und konnten den Winterbeginn gar nicht abwarten. Und jetzt war uns nach diesem Tag noch nach etwas Großartigem zu Mute. Irene fiel auch schon etwas ein. Wenn wir jetzt, nach dem Kaffeetrinken, losfahren, dann könnten wir die langweilige Autobahn vermeiden und stattdessen den landschaftlich grandiosesten Teil der Insel wieder einmal durchfahren. Es wäre ein Trip durch sämtliche Klima- und damit auch Vegetationszonen der Insel.

Von Jackies Terrasse aus konnten wir beobachten, dass sich die typischen Passatnebel durchaus auch hier, auf der Südseite, bilden können, obwohl dieser Tatbestand in der einschlägigen Literatur mit keinem Wort erwähnt wird. Nur dem bemitleidenswerten, von der Sonne weniger verwöhnten Norden wird immer und immer wieder eine permanente Wolkendecke zugestanden, dem Süden hingegen ein stets tiefblauer Himmel. Aber wie so oft im Leben sind beide extremen Standpunkte noch nicht einmal die halbe Wahrheit! Entgegen allen Reiseleitertheorien lehnte sich auch heute wieder eine dicke Passatwolke an die mittleren bis oberen Lagen des im Hintergrund aufragenden Teidemassivs. Heute würden wir wieder einmal Bekanntschaft mit ihr machen, und das auch noch auf der falschen Inselseite. Ich freute mich schon darauf. Wir hatten die Wolke und ihre Auswirkungen schon in unserem Urlaub beobachtet, als wir auf die Jeep-Safari trafen.

Der kürzeste Weg von *Chayofa* zum Nationalpark von *Las Cañadas* führte über *Arona*, eine 600 Meter hoch gelegene Gemeinde. Von hier oben wird das an der Küste gelegene Touristenzentrum von *Los Cristianos* verwaltet, welches mit *Las Américas* verschmolzen ist. Auf diese Weise zählt das kleine Bergdorf heutzutage an die 30.000 Einwohner!

Der Ort gehört zu einer ausgedehnten Agrarzone, die sich in früheren Jahrhunderten von der Küste bis in Höhenlagen von etwa 1.000 Metern erstreckte. Eine ungewöhnlich radikale Landflucht hat in diesem abseits gelegenen Gebiet mit der altüberkommenen Kulturlandschaft gründlich aufgeräumt. Die einst so gepflegten, durch geradezu liebevoll errichtete Natursteinmauern gestützten Ackerterrassen, welche sich an die steilen Hänge schmiegen, waren schon damals zum allergrößten Teil aufgelassen worden und im Verfall begriffen. Ein echter Jammer, wie fast überall auf der Südseite der Insel die bewundernswerten Leistungen ungezählter fleißiger Generationen durch den plötzlich einsetzenden Massentourismus beinahe über Nacht für immer vernichtet wurden. Dennoch kann ich Verständnis für den Exodus der Landbevölkerung und die kollektive Aufgabe der Landwirtschaft zugunsten eines Arbeitsplatzes im Touristengetto von *Playa de las Américas/Los Cristianos* oder an der *Costa del Silencio* aufbringen.

Der Anbau von Bananen und Tomaten in den unteren Lagen bis 250 Meter Höhe war ohne flächendeckende Verkehrsanbindung und ohne sonstige Infrastruktur in einer völlig unbewohnten Zone ganz einfach zu beschwerlich und wegen der extrem hohen Bewässerungskosten kaum rentabel. Und wer will sich heute in den höher gelegenen Bereichen schon noch der Knochenarbeit unterziehen, auf teilweise handtuchschmalen Terrassenfeldern Kartoffeln von Hand anzubauen, deren Kraut sich während der Wachstumsphase durch eine fünfzehn Zentimeter mächtige Schicht von hellgelben, etwa bohnengroßen, bimsähnlichen Steinchen hindurcharbeiten muss, die beim Einsetzen und Ernten der Kartoffeln jedes Mal mühsam abgetragen und anschließend wieder neu aufgeschüttet werden muss?

Diese nur auf Teneriffa und hier auch nur im Gebiet zwischen *Arona* und *Arico* angewandte, mit sehr viel Klugheit ausgetüftelte Methode des Trockenfeldbaus ermöglichte den vorangegangenen Generationen zwar das Überleben in einer von Natur aus semiariden, das heißt halbwüstenhaften Landschaft. Aber heute mag kaum noch jemand von den Jüngeren daran zurückdenken. Der *Enarenado* ist so gut wie ausgestorben. Die hellen Steinpackungen bedecken aber noch heute wie stumme Zeugen eines längst abgelaufenen atavistischen Zeitalters die verwaisten Ackerterrassen. Es handelt sich um Ignimbritgestein, ein Pyroklastikum, welches von tertiären Glutwolkenausbrüchen in Teneriffas Süden abgelagert wurde. Explosiv aus viel weiter oben gelegenen Krateröffnungen herausgeschleuderte kleinste Lavatröpfchen sowie Wasserdampf und andere Gase bildeten eine 800 Grad heiße Emulsion, die, spezifisch schwerer als Luft, den steilen Vulkanhang als 150 Kilometer schnelle Glutwolke herunterrasten. Weiter unten blieben die festen Partikel schließlich als mächtige Staubschicht liegen, die aufgrund ihrer noch immer hohen Temperatur zu einem bimsähnlichen Gestein zusammenbackte. Dieses auf Teneriffa *Tosca* genannte Material diente als Baustein und eben auch, in grob gemahlener Form, als agrarisches Wundermittel.

Die Ignimbrite besitzen zwei nutzbringende Eigenschaften. Zum einen reflektieren sie wegen ihrer hellen Farbe die intensive Sonneneinstrahlung und verhindern damit eine starke Erwärmung und die damit verbundene Austrocknung des Bodens. Zum anderen, und das ist noch viel bemerkenswerter, sammelt sich tagsüber die auf den Feldern trotzdem noch verdunstende Feuchtigkeit in Form von Wasserdampf in den feinen Poren der Ignimbritsteinchen. Nachts, wenn es sich in Höhen von 500 und mehr Metern deutlich abkühlt, kondensiert der zuvor aufgefangene Wasserdampf und wird dem Boden zusammen mit dem nachts anfallenden Tauwasser wieder zugeführt! Auf diese Weise gelang es den Bauern, im feuchteren Winterhalbjahr zwei Kartoffelernten ohne künstliche Bewässerung, sprich ohne Betriebskosten zu erzielen.

Mit diesen Gedanken im Hinterstübchen fuhren wir weiter zum Nationalpark von *Las Cañadas* hinauf. Landschaftsbestimmend ist hier ein als *Caldera* bezeichneter Riesenkrater, dessen Durchmesser achtzehn Kilometer beträgt. Die Steilwände des Kraterrandes ragen wie die Mauern einer Trutzburg bis zu 600 Meter hoch über den Kraterboden auf. Diese einmalige Gegend stellt alles Schöne, was wir bisher von der Insel gesehen hatten, glatt in den Schatten: ein über 2.000 Meter hoch gelegenes, nicht zu beschreibendes Chaos aus schwarzen, grauen und braunen Lavaströmen, durchsetzt von gelben Bimsfeldern und ungezählten parasitären Asche- und Schlackenkegeln, dazwischen immer wieder ausgedehnte Sandebenen. Kurz gesagt, ein gewaltiges geologisches Freilichtmuseum von gigantischen Dimensionen, überragt von den beiden Schichtvulkanen *Pico Viejo* und *Pico del Teide*, die wie überlebensgroße Mahnmale an die Gefahren des hier immer noch aktiven Vulkanismus erinnern. Der vorerst letzte Ausbruch hier oben erfolgte 1798, als sich von der Flanke des *Pico Viejo* ein mächtiger Lavastrom in den unterhalb gelegenen Krater von *Las Cañadas* ergoss. Alexander von Humboldt, der den *Teide* nur ein Jahr später bestieg, sah die heiße Lava noch immer rauchen! Die drohenden Krateröffnungen nennen die Einheimischen *Narices del Teide*, Nasenlöcher des Teide.

Und überall dort, wo das vulkanische Material schon etwas älteren Datums ist, haben sich die für Teneriffa typischen und endemischen Hochgebirgspflanzen ausgebreitet: die mächtigen Büsche des Teideginsters, die wie Schafherden aussehenden knallgelben

Besenrauken, der fast zu jeder Jahreszeit in zartem Violett blühende Teidelack oder die bis zu drei Meter hohen Blütenstände des Teidenatterkopfes, die selbst in verblühtem Zustand noch eindrucksvolle Erscheinungen sind. Aber jetzt, im Mai, standen sie alle miteinander in voller Blüte. Überall im Krater lag ein intensiver, geradezu betörender Duft. Ein solches Erlebnis gehört zu den schönsten Dingen, welche die Natur uns Menschen zu bieten hat.

Die dritte Dimension der Canarios

Zwischenzeitlich war der Winter gekommen. Unsere Geschäftseröffnung hatte letztendlich doch noch bis zum November geklappt. Dennoch hatten wir aufgrund der durchlebten Umstände schon sehr viel Zeit verloren, und das beruhigende Ruhekissen unserer finanziellen Rücklagen war im Lauf von elf tatenlosen, aber nichts desto weniger sehr kostenintensiven Monaten bedenklich geschrumpft. Leider wollten zu allem Überfluss die so dringlich herbeigesehnten Geschäftseinnahmen auch noch nicht so munter sprudeln, wie wir uns das vorab vorgestellt hatten. Trotz aller Widrigkeiten ließen wir uns das Leben jedoch nicht verdrießen, denn wir hatten während unseres kurzen, aber sehr intensiven Inseldaseins schon viel gelernt. Es gab eine Reihe von Erkenntnissen, die uns dabei halfen, aufrecht durchzuhalten.

Die Zeit, so lernten wir sehr bald, scheint auf Teneriffa doppelt so schnell zu vergehen wie in Deutschland. Über zehn Monate währender Frust, nicht minder langes Warten auf den Tag x, gepaart mit allerlei Enttäuschungen: All dieses war in atemberaubendem Tempo an uns vorübergezogen. Selbst nach 12 Jahren Teneriffa stehen wir noch immer zu dieser etwas paradox klingenden These, weil sie ganz einfach die

Inselrealität widerspiegelt. Die Tage, Wochen, Monate und Jahre fliegen nur so vorbei. Das behaupten viele Ausländer, die hier leben. Es ist müßig, diskutieren zu wollen, woraus dieses absonderliche Phänomen wohl resultieren mag. Aber eines ist dennoch klar: Das permanent schöne Wetter, eine sich daraus ergebende entspannte Lebensauffassung, das Laisserfaire der mit einer durch nichts zu erschütternden Mañana-Mentalität gegen die Unbilden des Lebens gewappneten Einheimischen und deren Resistenz gegen jeglichen Leistungsdruck bilden wichtige, aber nicht die einzigen Grundvoraussetzungen.

Ein scheinbar paradiesischer, aber gerade deshalb äußerst trügerischer Rahmen für ein vermeintlich bequemes, sorgenfreies Leben in der ewigen Wärme. Die aus diesem Cocktail als Ergebnis hervorgehenden Lebensumstände sind nämlich erstens völlig anders geartet, und zweitens als sie sich der deutsche Zuwanderer im Vorhinein auch nur im Entferntesten vorzustellen vermag. Die allzu wohl geordnete, zwar durch und durch rechtsstaatliche, aber seinen Nächsten stets massiv reglementieren wollende, in Richtung totaler Ordnung zu entgleisen drohende Denke des typischen Deutschen hat hier ebenso geringe Erfolgsaussichten wie das krasse Gegenteil, welches durch alternative Aussteiger verkörpert wird, die sich, obwohl völlig mittellos, geradezu aufopferungsvoll dem absoluten Müßiggang am immer warmen Strand hingeben und schon nach kurzer Zeit im eigenen Chaos umzukommen drohen.

Als fremder Eindringling in die Welt der sieben Inseln ist man deshalb sehr gut beraten, alles, aber auch alles in der scheinbar so wohlbehüteten deutschen Heimat Gedachte, Gelernte und Getane gründlich zu relativieren, zu revidieren und zum allergrößten Teil als hinderlichen Ballast über Bord zu werfen.

Wer dazu nicht Willens oder in der Lage ist, wird in diesem Paradies nach einem, spätesten nach zwei Jahren hoffnungslos untergehen. Er wird unfähig sein, die überlebenswichtigen Funktionsmechanismen der insularen Existenz zu erkennen, zu durchschauen und selbst anzunehmen. Ihm wird das Inselparadies dauerhaft als unerträgliches, der Anarchie nahes Chaos erscheinen. Derartig motivierte Aussteiger werden genau an dieser Stelle in letzter Not alsbald erneut aussteigen und dem vermeintlichen Paradies angewidert adieu sagen.

Ich spreche dieses Thema in dieser Ausführlichkeit an, weil wir diesen Zwiespalt aus verlockender, geradezu verführerischer, weil paradiesischer Umwelt und der jegliche existenzsichernde Aktivität im Keim erstickenden Denk- und Verhaltensmuster der hier lebenden Menschen auch nach all den Jahren nur mit Mühe zu ertragen lernten.

Was hier gespielt wird, enthüllt am besten der Spitzname, mit dem die *Canarios* Ausländer, besonders uns Deutsche, verächtlich bedenken: *Cabeza cuadrada*, was so viel bedeutet wie Quadratkopf. Da ein Quadrat auch beim besten Willen über zwei Dimensionen nicht hinauskommt, können Ausländer in den Augen der Inseleinheimischen folgerichtig auch bloß zweidimensional denken und handeln. Die dritte Dimension, also diejenige, über die ein *Canario* ganz offenkundig zur Genüge verfügt, bleibt uns

Ausländern logischerweise unzugänglich. Genau diese dritte Dimension der *Canarios* aber ist es, die auf den sieben Inseln im Verborgenen, praktisch unter jedem Tisch, gnadenlos und unsichtbar gegen jeden Eindringling eingesetzt wird.

Ein ganz wichtiger Tummelplatz dreidimensionaler Verhinderer sind die Amtsstuben und Büros sämtlicher Behörden, Banken und *Gestorías*. Auf derartigem Terrain hatten wir uns nun schon elf Monate zwangsweise bewegen müssen. Noch toller als die Erlebnisse mit *Don Fernando Quintero* sollte es allerdings sehr bald kommen, als wir unsere in deutschen Landen ausgebrütete Geschäftsidee unter kanarischen Umweltbedingungen auszuführen begannen. Aber ich möchte auf keinen Fall etwas vorwegnehmen.

Wir kamen eigentlich bloß deshalb mit der dritten Dimension zurecht, weil wir die instinktive und tiefe innere Ablehnung der Einheimischen gegen die massive Überfremdung ihres Archipels verstehen gelernt haben. Niemand hat uns gerufen, und niemand will hier unseren deutschen Senf auf seinem Teller sehen. Dies schon gar nicht, wenn man alles viel besser weiß. Wer diesen Quantensprung des täglichen Denkens nicht schafft, der ist auf Teneriffa fehl am Platz. Uns jedenfalls ist dies relativ schnell gelungen, und deshalb befinden wir uns noch heute in der Lage zu behaupten, uns als Ausländer auf Teneriffa trotzdem sehr wohlgefühlt zu haben. Die Insel wurde im Lauf der Jahre tatsächlich zu unserer zweiten Heimat.

Gleichzeitig ist an dieser Stelle zu betonen, dass es auf der Insel dennoch genau das nicht gibt, an was

man als Deutscher jetzt denken muss: Ausländer-
feindlichkeit. Die Taktik der *Guanchen*, der kanarischen Ureinwohner, ist eine vollkommen andere,
eben weil sie jener dritten Dimension des typischen
Canarios entspringt. Er weiß doch aus Erfahrung
ganz genau, dass all die vielen Fremden nach kürzester Zeit wieder verschwinden. Und wenn schon nicht
sofort, wie die Millionen von Urlaubern, dann eben
mañana, wobei er die Bedeutung dieses Wortes nicht
so tierisch eng sieht wie wir. Sein *mañana* kann wie
selbstverständlich auch einen mittel- bis langfristigen
Zeitrahmen beinhalten.

Logischerweise braucht man deshalb den Ausländern
gar keine erkennbaren Animositäten entgegenzubrin-
gen. Das hat man wirklich in keiner Weise nötig. Im
Gegenteil. Man benimmt sich stets korrekt und höflich, wenngleich auch äußerst zurückhaltend und vor
allem konsequent distanziert, genau spürend, dass
diese kollektiv verinnerlichte Grundeinstellung im
Verein mit der Mañana-Mentalität und ihren system-
immanenten Verhinderungsmechanismen über kurz
oder lang jeglichem fremden Engagement zum Ver-
hängnis werden muss. So kann man sich trotz allem
ganz bequem die totale Toleranz des Fremden leisten.
Warum sonst gibt es nur ganz wenige Einwanderer,
die so hartgesotten sind, dass sie trotzdem bleiben?

Dieses kanarische Prinzip greift nicht nur bei Fremden, die auf dem Archipel eine Existenz gründen wollen. Nein, es funktioniert sogar bei den immer zahlreicher werdenden Rentnern und Pensionären, die auf
den Inseln ihren Lebensabend verbringen möchten.
Mit deren baldigem Ableben ist ja ohnehin zu

rechnen, und ihre Erben werden dann den unfreiwillig erworbenen kanarischen Grundbesitz schnellstmöglich verhökern. Denn irgendwann einmal im Ausland zu leben, ist für die meisten Deutschen oder Großbriten ein schier unerträglicher Gedanke. Und das ist sicherlich auch gut so, weil ja nun einmal nicht alle auf den Inseln der Glückseligen Platz finden würden.

Die einzige Ausnahme machen die *Canarios*, wenn es sich um Spanier von der Iberischen Halbinsel handelt. Diesen gegenüber bestehen, anders als bei Ausländern, tatsächlich handfeste Ressentiments. An vielen Wänden, Leitplanken, Brücken oder Felsen Teneriffas fand sich deshalb zu unserer Zeit die Inschrift *'Godos fuera!'* Sie bedeutet so viel wie 'Goten raus!' Gemeint sind natürlich nicht die Westgoten als einstige Bewohner der Iberischen Halbinsel, sondern deren Nachkommen, die heutigen Spanier. Kein Wunder, denn sie sind ja schließlich auch schon seit über 500 Jahren als Eroberer hiergeblieben und haben sich, allen Mañanatricks zum Trotz, nicht vertreiben lassen.

Trotz aller Ablehnung benötigt also der ahnungslose Fremde, anders als der Festlandsspanier, mehrere Jahre, bis er überhaupt irgendetwas merkt. Mir selbst fiel beispielsweise erst etwas auf, weil ich kanarische Nachbarn besaß, die mehrere Jahre lang meinen täglichen Gruß nie erwidert haben, obwohl nie etwas zwischen uns vorgefallen war. Seitdem auch ich meinerseits eines Tages nicht mehr grüßte, änderte sich dennoch an unserem beiderseitigen Verhältnis nichts. Weder zum Besseren, aber auch nicht zum Schlechteren.

Vorsicht ist immer dann geboten, wenn ein *Canario* beim Umgang mit Fremden sein Sonntagslächeln aufsetzt. Meistens passiert das, wenn der Fremde im Begriff steht, seinen Geldbeutel zu zücken. Dann nämlich fällt meistens für den *Canario* etwas ab. In der Bar oder im *Restaurante* ist derlei Freundlichkeit durchaus harmlos, denn hier geht es, wie überall auf dieser Welt, allenfalls darum, ein gutes Trinkgeld zu erheischen. Urlauber haben deshalb so gut wie nichts zu befürchten. Aber dort, wo es um etwas größere Investitionen geht, kann das Zücken sehr schnell in Richtung zocken entgleisen.

Und trotzdem: Meistens ist ein solcher Fall abermals keineswegs so gelagert, wie man als Deutscher jetzt wieder denken möchte, denn der *Canario* ist, das sei ausdrücklich konstatiert, von Grund auf ehrlich. Er stiehlt nicht und betrügt nicht, obwohl natürlich auch hier Ausnahmen die Regel bestätigen. Dafür aber unterlaufen ihm selbst in offizieller Mission sehr gerne irgendwelche kleinen Unterlassungssünden oder Fehleinschätzungen, die ihm, beabsichtigt oder meistens nicht, häufig bares Geld einbringen. Dem Ausländer wird es nur ausnahmsweise gelingen, solchen Dingen auf den Grund zu gehen, geschweige denn, eine Absicht nachzuweisen. Aber wenn man schnell und nachhaltig reklamiert, bekommt man fast immer sein Geld problemlos zurück.

Leider hatten wir von all diesen hiesigen Gepflogenheiten als Teneriffaneulinge – wie konnte es anders sein – überhaupt keinen blassen Schimmer. Entsprechend oft stolperten wir deshalb anfangs über alle möglichen Fußangeln, die teilweise sicherlich absichtlich ausgelegt waren, teilweise aber wirklich nur kanarische Schildbürgerstreiche gewesen sein mochten.

Drei kleinere Beispiele sind mir ad hoc noch in deutlichster Erinnerung. Sie spielten sich, welch ein Zufall, schon wieder bei verschiedenen Banken ab. Offensichtlich deshalb, weil man doch gerade hier besonders viel Vertrauen hat!

Das eine Mal löste ich einen Kundenscheck bei der *Banco Banesto* in *Puerto de la Cruz* ein. Unter anderem zahlte mir der äußerst freundliche Herr hinter dem Panzerglas eine 500-Peseten-Banknote aus. Ich reklamierte sofort, weil mir bekannt war, dass dieser Geldschein schon seit etlichen Jahren nicht mehr gültig war. Der Banker überzeugte mich trotzdem mit charmanten Worten vom Gegenteil. Ich dachte, dass ich offenbar doch nicht gut genug informiert war, zumal die Banknote absolut druckfrisch war. Anschließend ging ich zur Postbank, um dort einen größeren Betrag auf mein dortiges Konto einzuzahlen. Die Schalterbeamtin schaute mich an, als ob ich ein Phantom sei, als sie den Fünfhunderter beim Nachzählen zwischen ihre Finger bekam. Als ich eine halbe Stunde später bei der *Banco Banesto* reklamierte, behauptete der nette Kerl am Schalter zwar, dass die Kollegen von der Postbank nicht so ganz auf dem Laufenden seien, aber er nahm den Schein zurück und gab mir dafür eine gültige Münze!

Ein anderes Mal wäre ich sogar ohne mein Verschulden ganz sicher in einen echten Kriminalfall verwickelt worden, wenn sich die ganze Story nicht auf den Kanarischen Inseln zugetragen hätte. Ich hob bei einer Filiale der *Banco Bilbao Viscaya* eine Summe von etwa 1,5 Millionen Peseten von unserem Geschäftskonto ab, um mit diesem Geld die Hotelrechnung für eine Reisegruppe zu bezahlen, die ich auf der Insel betreute. Geldgeschäfte dieser Größenordnung – es handelte sich um etwa 20.000 DM – erledigte man damals wie heute auf Wunsch des Geldempfängers in bar, um es dem Finanzamt nicht ganz so leicht zu machen. Dafür bekommt man einen balsamisch wirkenden Nachlass, allerdings nur dann, wenn man insistiert.

Der Mann im Kassenhäuschen war schon fertig verkleidet für den Karnevalsumzug in *Santa Cruz*. Er hatte sich perfekt als Frau zurecht gemacht und zählte mir mit betont feminin inszeniertem Augenaufschlag die Knete vor. Anschließend schleppte ich eine große Plastiktüte voller *Pesetas* zum *Club Parque Mesa del Mar*. Der Hoteldirektor ging mit mir hinter die Kulissen, um das Geld eigenhändig nachzuzählen. Auf halber Strecke warfen seine wie eine Zählmaschine agierenden Finger einen Zehntausender aus, ohne sich bei der wichtigen Arbeit unterbrechen zu lassen. "Stimmt alles ganz korrekt," sagte er, nachdem er fertiggezählt hatte. "Bis auf diesen Zehntausender. Er ist eine Fotokopie." Er ließ sich ansonsten nichts anmerken, so dass man glauben konnte, so etwas komme ein über den anderen Tag immer wieder mal vor. Ich hielt die „Banknote" prüfend gegen das Licht und bemerkte, dass Vorder- und Rückseite nicht kongruent bedruckt waren. Auch das Papier fühlte sich verdächtig an. Daraufhin tauschte ich dem Hotelier die Blüte gegen einen echten Zehntausender aus meinem Portemonnaie um, entschuldigte mich gleichzeitig für den kleinen Irrtum und fuhr augenblicklich zur Bank zurück.

Als ich dem jetzt Kaugummi kauenden Karnevalsdeppen die Blüte unter der Glasscheibe durchschob und ihm lautstark zu verstehen gab, dass er mir vor einer Stunde Falschgeld untergejubelt habe, wirkte sein Augenklimpern eher überrascht denn verführerisch. Der Kunde neben mir hatte mit Sicherheit meine Worte gehört, ließ sich aber ebenso wenig anmerken wie zuvor der Hoteldirektor. Der verkleidete Banker stakste auf seinen Highheels mit der Blüte in der Hand hastig in ein hinteres Gemach, erschien aber binnen kürzester Zeit wieder und gab mir mit einem bedauernden Lächeln und einem fast noch darüber hinausgehenden Augenaufschlag einen echten Schein, den ich meinerseits nun ungeniert prüfend gegen das Tageslicht hielt, bevor ich ihn einsteckte. Den falschen Zehntausender legte er achtlos in eine Schublade. Beim Hinausgehen sah ich aus dem Augenwinkel, dass er die Schublade öffnete und die Blüte zwischen seinen enorm dimensionierten Karnevalsbusen verschwinden ließ. Vermutlich hat er das Ding später in irgendeiner Ausländerkneipe blütenweiß gewaschen, um den Schaden nicht aus eigener Tasche begleichen zu müssen. Schadensbegrenzung auf Kanarisch sozusagen.

Völlig unerklärlich ist und bleibt mir ein Vorgang bei der *Banco Banesto* in *Los Realejos*. Ich war dort bekannt und erschien eines schönen Tages mit einem Euroscheck eines deutschen Kunden, den ich zu Geld zu machen beabsichtigte. Man händigte mir auf der Stelle die 700 Mark in Peseten aus. Viele Monate später erhielt ich ein Schreiben der Bank. Man könne den Euroscheck in Deutschland nicht einreichen, weil die Nummer der Scheckkarte auf der Rückseite des Schecks fehle, hieß es. Der fragliche, zwischenzeitlich längst ungültig gewordene Scheck war beigefügt. Meinen Kunden, einen honorigen älteren Herrn, der mit Sicherheit nicht insolvent gewesen war, hätte ich vermutlich nur unter größten Schwierigkeiten in Deutschland ausfindig machen können. Mein Geld wäre also so gut wie verloren gewesen. Ich räumte deshalb kurzerhand mein Konto ab und ließ mich nie wieder bei der *Banco Banesto* blicken, abwartend, was wohl geschehen würde. Danach habe ich nichts mehr von der Sache gehört. Allerdings stand kurze Zeit später in der Zeitung, dass die *Banco Banesto* Konkurs angemeldet habe. Ob da wohl ein Zusammenhang bestand? Jedenfalls blieb mir eine wichtige Erkenntnis: Das kanarische Laisser-faire kann für beide Seiten Nachteile bringen. Aber es überwiegen die Vorteile, wenn man auf Zack ist!

Ohne jeden Zweifel hätten wir uns viel leichter mit unserer Auswanderung getan, wenn wir die soeben wiedergegebenen Erkenntnisse schon von Anfang an gehabt hätte. Aber leider mussten wir uns diese erst in mühevollen und vor allem äußerst kostenintensiven Grabenkämpfen während der ersten Zeit unseres Insellebens erarbeiten. Und danach galt es dann noch, sie auch nutzbringend anzuwenden, was weitere Zeit kostete. Aber eigentlich gibt es nichts zu klagen. Auch in Deutschland sagt man, dass der Aufbau eines Geschäfts mindestens fünf Jahre dauert. Warum dann nicht auch im kanarischen Ausland?

Bauchlandung im deutschen Getto

Sie war eine spindeldürre, kurzhaarige Henna-dame, deren Gesicht vor Schminke nur so starrte. Ich war jedes Mal versucht, einen Spachtel aus dem Handwerkskasten zu holen, bevor ich ihr zur Begrü-ßung je ein Bussi auf jede Wange drücken musste. Diese leidige Zeremonie fand stets dann statt, wenn gerade eben der nächste Monat begonnen hatte. Wie immer beim Umgang mit Angehörigen der neumodi-schen Bussigesellschaft hatte ich auch hier den drin-genden Verdacht, als solle ihr die Abküsserei unbe-wusst über gewisse Defizite im Bereich der zwischen-menschlichen Beziehungen hinweghelfen.

Immer, wenn Odette mit der Mieteinnahme in ihrer Handtasche verschwunden war, wischte ich meinen Mund mit den oberen Enden meiner Hemdsärmel ab, um den ätzenden Chemiegeschmack möglichst schnell loszuwerden. Irene hatte anschließend bei der Wäsche trotz Ariel und flüssiger Kernseife regelmä-ßig Probleme, die bräunlichen Streifen wieder weg-zubekommen.

Odette war weiland wohl als Krankenschwester tätig gewesen. Dort hatte sie vermutlich auch ihren um ei-niges älteren Mann kennengelernt, der im selben Krankenhaus als Arzt arbeitete. Er hatte seinen

Lebensabend offenbar auf Teneriffa verlebt, wo er auch verstarb. Denn wie anders konnte es sein, dass der zum Haus gehörende Mülleimer noch seinen Namen in weißen Lettern trug, als wir einzogen. Wenn die Erzählung von Jackie stimmte, dann hatte der Mülleimer mit Sicherheit einen Umzug hinter sich, weil Odette sich offenbar nicht von dem Teil trennen mochte. Jetzt gehörte er jedenfalls zum Inventar der *Casa Odette*.

Die trauernde Witwe war nach dem Tod ihres Mannes ins benachbarte *Los Potreros* gezogen. Dort besuchten wir sie, als unsere Mietzahlung wieder einmal fällig war. Sie bewohnte ein Häuschen, das schon rein äußerlich wesentlich bescheidener wirkte als dasjenige, welches wir von ihr gemietet hatten. Sie schien bemerkt zu haben, dass uns diese Tatsache doch etwas irritierte, denn sie erzählte uns aus eigenem Antrieb, dass sie hier nur halb so viel Miete zahle, wie sie von uns einnehme. Von dem Differenzbetrag und einer weiteren Mieteinnahme aus einem Apartment habe sie ihr bescheidenes Auskommen.

Wir hatten gerade das zweite Bier eingeschenkt, als wir in den hinteren Gemächern Geräusche hörten. Odette war offenbar nicht alleine gewesen, als wir unangemeldet mehrmals klingelten. Ihr vergammelter alter Volvo war vor dem Haus geparkt. Er stammte wohl noch aus besseren Zeiten. Also müsste sie auch zu Hause sein, hatten wir uns gedacht. Plötzlich stand ein unaufgeräumt aussehender Mann im Wohnzimmer, der soeben dem Bette entstiegen zu sein schien. Er sagte im Vorbeigehen nur kurz grüß Gott und wart auch schon verschwunden.

Odette schien das peinlich zu berühren, aber sie hatte sich perfekt in der Gewalt. Das sei ihr Vermieter gewesen, meinte sie beiläufig. Dennoch fragte ich mich allen Ernstes, was dieser Herr in den hinteren Gemächern des Hauses wohl verloren hatte. Möglicherweise zahlte Odette ihre eigene Miete gelegentlich in Naturalien. Die Tatsache, dass sie trotz der längst angebrochenen Mittagszeit noch im Bademantel vor uns saß, bestärkte unseren Eindruck.

Irene, die als Exlehrerin über ein phantastisches Personengedächtnis verfügt, wusste hinterher sofort wieder, wo wir diesen Mann schon einmal gesehen hatten. Es war der überall in Romantica und Umgebung einschlägig bekannte Fritz Gruber. Er hatte uns wenige Tage zuvor in der Kneipe von Christa und Heribert eine Kostprobe seiner mangelhaften Trinkfestigkeit geliefert. In seinem Suff war er damals nicht einmal mehr in der Lage, wie ein Mensch zu sprechen, sondern er gab nur gutturale, tierisch anmutende Laute von sich. So oder zumindest ganz ähnlich stellt man sich als anthropologischer Laie die Sprache eines Neandertalers vor. Und wenn dann und wann etwas von dem Gelalle zu verstehen war, dann handelte es sich um ordinärste Schimpfworte, die wir bis dato noch nie im Leben gehört hatten.

Die Kneipe von Christa und Heribert befand sich von unserem Haus aus gesehen nur eine Minute weit entfernt, direkt um die Ecke. Sie nannte sich *Bar La Tasca*, was auf Deutsch so viel wie Dorfkrug bedeutet. Ihre Namensgeber hatten offensichtlich noch nie im Leben ein Dorf gesehen, denn sonst wären sie hier in *La Romantica* unter gar keinen Umständen auf diese Benennung verfallen. Man kann allenfalls Verständnis dafür aufbringen, wenn man berücksichtigt, dass die Inhaber mitten aus Dortmund stammten.

Aber dennoch hatte die *Tasca* eines mit einem typischen Dorfkrug gemeinsam: Sie war die Gerüchteküche des deutschen Gettos und darüber hinaus der gesamten deutschen Szene auf der Insel. Man tat deshalb gut daran, hier regelmäßig ein hervorragend gezapftes Krombacher zu trinken, sofern man Wert darauf legte, auf dem Laufenden zu sein und zu bleiben. Christa war nicht nur eine Köchin, die ihre Hausmannskost auf Teneriffa ebenso perfekt zubereitete wie dereinst am Dortmunder Fredenbaum, sondern sie war auch eine begnadete Kneipenwirtin, welche mit den Gästen ihres Schlages umzuspringen wusste, ohne dass sich diese beleidigt zu fühlen brauchten. Dieses gewisse Gespür braucht jeder Gastwirt, und sie hatte es. Allerdings ging ihr Selbiges immer dann völlig verlustig, wenn sich ab und an per Zufall auch einmal ein anders gearteter Gast in ihre Pinte verirrte. Ich spreche da aus eigener Erfahrung.

Von ganz anderem Schrot und Korn war ihr Pendant Heribert. Er erledigte die Thekenarbeit und hatte schon dann alle Hände voll zu tun, wenn mehr als vier Bier auf einmal bestellt wurden. Diese Schwäche musste man ihm nachsehen, denn schließlich war er ja alles andere als vom Fach. Er hatte viele Jahre lang in einer Dortmunder Kanzlei als Rechtsanwalt gearbeitet, wie er nicht ohne einen gewissen Stolz verkündete, und kannte daher den Thekenbetrieb lediglich aus der Perspektive des Gastes. Heriberto und seine Laufbahn machten uns jedoch stutzig, und er fiel denn auch in dem Moment prompt auf, als plötzlich ganz unvermutet ein Engländer vor der Theke stand und nach einer Schachtel Zigaretten verlangte. Herbert benötigte einen Dolmetscher, als der ich mich gegen ein Bierchen bereitwillig zur Verfügung stellte. Anschließend war er völlig baff, dass ein Herr Doktor wie ich so etwas gelernt hatte. Das kommt davon, wenn man als Rechtsanwalt die Lehrpläne an Gymnasien nicht kennt.

Noch deutlicher entblößte er sich, als bei anderer Gelegenheit ausgerechnet ein Franzose seine Kneipe betrat. Obwohl er ausdrücklich damit angegeben hatte, drei Jahre lang in Paris als Anwalt gearbeitet zu haben, musste er mich ein weiteres Mal bemühen. Kaum hatte der Franzose sein Glas Wein bekommen und sich mit Irene und mir in ein Gespräch über die eine oder andere Merkwürdigkeit auf dieser Insel eingelassen, da bahnte sich ein weiterer Höhepunkt des Abends an.

Ein beleibter Herr mit abgearbeiteten Händen hatte schon seit Stunden zu erklären versucht, dass er der Leiter eines großen Inselprojekts der Firma Mannesmann sei und für die Dauer der Arbeiten im Hotel Maritim wohne. Nur Letzteres nahmen wir ihm ab. Zu fortgerückter Stunde war der Mann schließlich so voll, dass er von Zeit zu Zeit am Tresen auf seinem Hocker eindöste, aber zwischendurch doch immer wieder einmal aufwachte, weil ihn offenkundig immer noch dürstete. Kurz vor Feierabend entschied er sich dann völlig unvermittelt doch schon zum Zahlen. Er wankte aus dem Lokal und fand draußen mit einiger Mühe seinen Mietwagen, einen Opel Corsa. Der

Herr Projektleiter bestieg seinen Kleinwagen, nachdem er unter höchster Konzentration und nach mehrmaligen Fehlversuchen das Schlüsselloch in der Autoportière endlich gefunden hatte.

Vor der *Tasca* wurde schräg gegen den Bordstein geparkt, so dass man das nun folgende Happening aus dem Innern der Kneipe in seiner ganzen Tragweite beobachten konnte. Die Vorderräder des Corsas waren etwa 30 Zentimeter weit von der Bordsteinkante entfernt, als der Dicke Gas gab. Er hatte sich dabei halb umgedreht, um nach hinten schauen zu können. Der Wagen fuhr jedoch vorwärts und nicht etwa, wie von dem Dicken erwartet, rückwärts und prallte mit den Vorderrädern gegen den Bordstein. Daraufhin wurde das Auto wie ein Gummiball an die zwei Meter zurückgeschleudert. Und wieder gab der Dicke Gas... Dieses äußerst erheiternde Schauspiel wiederholte sich unter dem grölenden Gelächter der Kneipeninsassen mindesten an die fünf Mal. Ein echtes Event für jeden deutschen Wachtmeister! Erst jetzt gelang es dem Fahrer, in seinem Suff den Rückwärtsgang einzulegen und bis auf die Fahrbahn zurückzusetzen. Die Insel der unbegrenzten Unmöglichkeiten hatte also auch den Straßenverkehr fest im Griff! Und schon rollte der Dicke völlig ohne Licht in Richtung Maritim Hotel unerkannt davon.

Die Verhältnisse im Umfeld der damaligen Kneipe *La Tasca* bewiesen mir, dass *Romantica II* schon anno 1990 auf dem absteigenden Ast war. Die *Urbanización* schickte sich gerade an, ihrer Vorgängerin mit der römischen Eins in Richtung Niedergang nachzufolgen. Ein tiefgreifender Strukturwandel hatte dieses deutsche Getto ergriffen. Das einst so renommierte Kaviarviertel war auf dem besten Weg, den irreversiblen Abstieg zur Domäne des Plebs anzutreten; eine bedauerliche Entwicklung, die zwischenzeitlich leider schon fast ihr Endstadium erreicht hatte.

Die wohlhabenden Deutschen, die sich gegen Ende ihres aktiven Lebens vor über 20 Jahren hier eingekauft hatten, um den Lebensabend ungestört im ewigen Frühling verbringen zu können, starben während der vergangenen 15 Jahre langsam aber sicher aus. Deren Erben interessierten sich häufig nicht weiter für ihren Besitz auf Teneriffa, sondern sahen zu, dass sie alles verkauft bekamen, notfalls auch billig. Und schon war die schleichende, sich von Jahr zu Jahr beschleunigende Konvertierung von *La Romantica II* zu einem Sammelbecken der Chaoten und Kriminellen eingeleitet. Sogar die paar restlichen Überwinterer drohten allmählich mit wehenden Fahnen unterzugehen.

Das letzte Signal zum Aufbruch war sicherlich für viele seriöse Immobilienbesitzer der Niedergang ihres eigenen Interessenverbandes, der einst überall im Viertel für Ordnung gesorgt hatte und der auch strikt über die Einhaltung seiner Statuten wachte. Die zahlungswilligen und vor allem zahlungsfähigen Mitglieder wurden auf einmal Jahr für Jahr weniger und stellten schließlich nur noch eine vernachlässigenswerte Minderheit dar.

Jetzt wurde es auf einmal möglich, dass ein Nachbar im *Edén*, der auf den Namen Tito hörte, acht kläffende und stinkende Köter auf einer Terrassengrundfläche von höchsten 15 Quadratmetern hielt, während nicht weit entfernt von dieser Idylle die alte Frau Preuß sich rührend um ihre 35 Katzen und vier oder fünf Hunde sorgte. Auch türmte sich alsbald an der Außengrenze des Viertels wie zur Begrüßung des Besuchers eine nicht mehr zu übersehende Müllhalde auf. Und der Parkplatz, auf dem einst die Busse mit den Gästen des *Nachtclubs La Cueva* hielten, verkam zum Arbeitsplatz bienenfleißiger Autohuren. Man erkannte dieses eigentlich erst tagsüber an deren einschlägigen Hinterlassenschaften. Einmal sah ich hier bei Dunkelheit sogar ein Taxi stehen. Der Fahrer hatte vor lauter Erregung vergessen, seine grüne Lampe auf dem Dach auszumachen.

Die übelste Kehrseite des Blumenparadieses waren jedoch die regelmäßig hier verkehrenden und teilweise auch hier lebenden kriminellen Hardliner, die sich des Öfteren dazu berufen fühlten, einem Zeitgenossen wie mir handfeste Knüppel zwischen die Beine zu werfen. Sicherlich hätten wir es unterlassen können, unsere vollen Namen an die Klingel und an den Briefkasten zu hängen, aber irgendwann wäre es trotzdem herausgekommen, dass wir beide eine Universität besucht hatten. Und genau dieses ist sozusagen tödlich, wenn man sich, ohne es zu ahnen, in einem Nachtjackenviertel wie dem Blumenparadies von *La Romantica II* niedergelassen hat.

Der deutsche Aussteiger des Typs 'La Romantica' spricht im Normalfall selbst nach zwanzig Jahren in der Fremde noch immer nicht Spanisch. Demzufolge ist er dauerhaft auf ein Leben im deutschen Getto angewiesen. Und da es mangels Sprache mit Spaniern überhaupt keine direkten Reibungspunkte gibt, kann man aufgestaute Aggressionen einzig und allein an seinen Landsleuten abarbeiten, sehr wohl wissend, dass bei kleineren Eigentumsdelikten oder Gewaltanwendungen keinerlei ernst zu nehmende Konsequenzen zu befürchten sind. Eventuelle Anzeigen eines Geschädigten oder eines Verletzten würden ohnehin irgendwann in irgendeinem Papierkorb der Polizei landen.

Von dieser Sorte war beispielsweise ein Herr mit dem Spitznamen Elektroklaus. Er besaß dereinst in der Ladenzeile von *La Romantica II*, fast unmittelbar neben Christa und Heribert, einen von Tag zu Tag schlechter gehenden Elektroladen, welcher ihm diesen Spitznamen eingebracht hatte. Mit richtigem Namen hieß er Ignaszewski und stammte, seiner Sprache nach zu urteilen, aus dem tiefsten Ruhrpott.

Eines Tages trug es sich zu, dass unser Gärtner beim Rasenschneiden versehentlich das Stromkabel des Elektromähers durchtrennte. Der Fi-Schutzschalter reagierte sehr prompt. Es wäre uns natürlich ein Leichtes gewesen, den Schalter zu reaktivieren, wenn wir ihn nur gefunden hätten. Wir stellten das ganze Haus auf den Kopf, ohne Ergebnis. Odette weilte just zu diesem Zeitpunkt an einem unbekannten Ort in Deutschland, so dass guter Rat teuer war.

Irene hatte, wie so häufig, die richtige Idee. Sie rief bei Elektroklaus an und fragte ihn, ob er uns sagen könne, wo sich die Hauptsicherung unseres Hauses befinde. Er habe doch sicher schon einmal hier gearbeitet. „Ich komme sofort rüber," sagte er. Irene meinte, er brauche uns doch lediglich zu verraten, wo wir die Sicherung finden. Er solle sich auf gar keinen

Fall irgendeiner Mühe unterziehen. Es half nichts. Nach zwei Minuten stand er schon unten vor dem Haus und verlangte nach dem Garagenschlüssel. Dort also war der geheim gehaltene Ort! Sofort hatten wir wieder Strom, und nach weiteren zwei Minuten stand Klaus Ignaszewski schon wieder in seinem Laden.

Dort angekommen, hatte er nichts Eiligeres zu tun, als stante pede eine gesalzene Rechnung zu schreiben, die zehn Minuten später bereits in unserem Briefkasten landete. Er wollte für seine Bemühungen 3.000 Peseten liquidieren, was damals einem Gegenwert von 48 Mark entsprach. Guter Rat war bei ihm offenbar wirklich teuer. Und als wir nach zwei Tagen immer noch nicht bezahlt hatten, machte die saubere Firma Telefonterror. Zuerst war meine Mutter dran. Sie konnte leider nicht weiterhelfen. Am nächsten Tag war ich dann der Glückliche, der den Hörer abnahm. In barschem Ton fragte mich Ignaszewski, warum ich seine Rechnung noch nicht bezahlt habe.

Meine Antwort machte sogar einen hartgesottenen Profi wie ihn sprachlos. Ich teilte ihm nämlich höflich mit, dass ich seine Aktion als reine Nachbarschaftshilfe betrachte und in diesem Sinne gerne bereit sei, ihm beim nächsten Mal in Heriberts Kneipe ein Bier für seine Freundlichkeit zu zahlen. Nach einer Weile fasste er sich wieder und meinte drohend: „Wir sprechen uns noch!" Daraufhin unterbrach ich die lächerliche Auseinandersetzung, indem ich den Hörer einfach auflegte.

Die Zeit verging, aber ich hörte nichts mehr vom Elektroklaus. Eines Tages begann er in einem schäbigen Loch links neben Heribert mit irgendwelchen

Bauarbeiten. Nach einigen Monaten erkannte man, dass es eine Kneipe werden sollte. Ein jeder kratzte sich hinter dem Ohr oder rieb sich die Augen. Wand an Wand mit Christa und Heribert noch eine Kneipe? Das konnte doch nicht laufen. Kurz darauf ging das Lokal jedoch allen Unkenrufen zum Trotz seiner Vollendung entgegen. Über der Tür prangte eines schönen Tages das pinkfarbene Werbeschild mit dem Namen der Pinte: „*Bistro La Noblesse.*"

Das Elektrogeschäft wurde bei der Eröffnung der Kneipe geschlossen, seine Fenster mit Zeitungspapier zugeklebt. Weiß Gott, was es da zu verbergen gab. Und die Kneipe ging vom Start weg genau so wenig, wie zuvor das Elektrogeschäft, während Heriberts Laden nur so brummte. Ignaszewski wurde deshalb von Tag zu Tag gereizter.

Nun sollte ich endlich wieder etwas von ihm hören. Irene und ich hatten längst unser Exkursionsgeschäft begonnen, welches hier im Norden der Insel recht zufriedenstellend angelaufen war. Im April 1990 kamen wir müde von einer dieser zehnstündigen Touren zurück. Über 6.000 Meter Höhendifferenzen hatten wir bewältigt. Irene verspürte keine Lust mehr, an jenem Abend noch etwas zu kochen, weshalb wir beschlossen, bei Christa und Heribert zu essen.

Wir hatten uns zu Hause frisch gemacht, und ich war schon langsam vorausgeschlendert, weil Irene einfach nicht fertig wurde. Sie wollte auch noch den Hund füttern. Von der Straße aus hatte ich bereits die drei oder vier Stufen hinunter zur *Tasca* hinter mich gebracht. Die Ladenzeile von *La Romantica II* befindet sich nämlich etwa 80 Zentimeter unterhalb des eigentlichen Straßenniveaus. Dies war reiner Zufall, denn sicherlich hatte der Architekt mit dieser konstruktiven Maßnahme keinerlei soziale Akzente setzen wollen.

Im Eingang der Kneipe hing eine Tafel, auf der Christa ihre Tagesmenues bekanntzugeben pflegte. Ich wollte hier gerade eben in freudiger Erwartung den heutigen Speiseplan studieren, als ich meine Irene, noch oben auf der Straße vor dem Treppenabgang zum Bistro La Noblesse stehend, in voller Lautstärke lachen hörte. Sie sah mich unten vor Christas Tafel und rief mir zu, ich möge bitte zu ihr heraufkommen und unbedingt die Tafel vor dem Noblesse lesen.

Offenbar hatte Nachbar Ignaszewski seit dem heutigen Tag auch das eine oder andere Essen anzubieten, dachte ich, und ging zurück zur Straße. Tatsächlich stand hier eine brandneue Tafel, die ich zuvor gar nicht beachtet hatte. Jemand schien den Originaltext heimlich weggewischt und nahtlos durch eine eigene Version ersetzt zu haben, denn auf der Tafel war doch jetzt tatsächlich folgendes zu lesen: „Tagesmenue: frisch überfahrener Hund von der Südautobahn nur 999 Peseten!"

In Heriberts Kneipe hatte noch niemand etwas gemerkt. Jetzt jedoch kamen alle heraus, um die Tafel zu betrachten, und es erhob sich ein allgemeines Gelächter. Ignaszewski musste vor Wut kochen, denn in seiner Pinte saßen nur zwei Mantafahrer am Tresen, während Heriberts Laden wieder einmal proppenvoll war.

Nach dem Essen blieben wir natürlich noch am Tresen hängen. Es wurde spät. Gegen Mitternacht zahlten wir und wollten bierselig nach Hause gehen. Da der tiefergelegte Gang vor der Ladenzeile öffentlich war, wählte ich den kürzesten Heimweg. Dieser führte die paar Stufen vor Ignaszewski 'La Noblesse' empor.

Kaum hatte ich die erste Stufe betreten, rief der noble Klaus mir lauthals zu, ich solle gefälligst woanders hergehen. Dies hier sei seine Treppe. Er würde ansonsten hinauskommen und mir eine Tracht Prügel angedeihen lassen. Trotz des genossenen Bieres dachte ich blitzschnell. Wenn ich jetzt nachgab, hatte ich in diesem Nachtjackenviertel für immer verloren. Die Verbrecher würden mich in Zukunft permanent belästigen. Ich musste jetzt dagegenhalten und auch gewinnen. Dann würde ich vor diesem Pack weitgehend meine Ruhe haben.

Also sagte ich dem Kerl, dass ich noch nie im Leben freiwillig rückwärtsgegangen sei. Er könne deshalb gleich herauskommen. Der noble Klaus setzte mit einer gekonnten Fechterflanke über den Tresen und stürmte die paar Stufen hinauf. Ich blieb einfach stehen und klatschte Beifall wegen der gelungenen Flanke. Und jetzt? Er erkannte sofort, dass mit mir jetzt nicht mehr zu spaßen war. Er fluchte und drohte mir. „So einen wie dich sollte man eigentlich sofort totschlagen!" Danach trollte er sich in seine Kneipe zurück. Er war also zu feige, seinen Worten auch Taten folgen zu lassen.

Am nächsten Morgen ging Irene Brötchen kaufen. Vor dem Noblesse hatten sich schon einige Schaulustige eingefunden. Sie hörte, wie Ignaszewski beim Wegräumen der Scherben lauthals verkündete, dass ganz offensichtlich ich der Übeltäter sei und dass er mich schonungslos für die Schäden regresspflichtig machen werde. Irgendjemand, Gott allein weiß wer, hatte offenbar nächtens die Scheiben des Nobellokals zertrümmert und einen dicken Stein von kugelförmiger Gestalt wie bei einer Leichtathletikübung ins Innere gestoßen. Getroffen wurden das Gläserregal und die Bierzapfsäule. Nachmittags hatten wir bereits eine Rechnung des Bierimporteurs namens Ogorek im Briefkasten.

Als ich den Wisch in den Händen hielt, traute ich meinen Augen nicht. Zum einen waren die Preise ganz offensichtlich viel zu hoch angesetzt, und zum anderen hatte Ignaszewski mit Tipp-Ex flüssig und Fotokopierer kräftig, aber gänzlich unprofessionell nachgebessert. Deshalb fuhr ich zum Büro der Bierfirma Ogorek und bat um die Herausgabe eines Rechnungsduplikates, damit die Manipulationen nachweisbar wurden. Aber dort witterte man Verrat und weigerte sich. Man steckte ganz offensichtlich mit dem Verbrecher unter einer Decke.

Daraufhin wendete ich mich kurzerhand an Jackie Moermans Rechtsanwalt in *Santa Cruz*. *Francisco Montoya* sprach fließend Französisch, denn schließlich hatte er in Grenoble Jura studiert. So hatte ich keinerlei Schwierigkeiten, ihm mein Anliegen präzise zu schildern. Zunächst musterte er mich von Kopf bis Fuß, und dann musste er schallend lachen. So eine Aktion hatte er mir wohl nicht zugetraut.

Der Fall war für diesen Mann jedoch überhaupt kein Problem, denn er kannte sich glänzend aus im juristischen Dickicht der Insel der unbegrenzten

Unmöglichkeiten. „Sie müssen den *Bandido* nur dazu bringen, dass er ihnen diese gefälschte Rechnung unterschreibt. Dann haben wir ihn. Sie sind doch ein intelligenter Mann. Ihnen fällt da bestimmt etwas ein." Mit der unterzeichneten Rechnung sollte ich dann umgehend wieder vorbeikommen.

Es ging alles ganz einfach. Ich schob die Rechnung unter der Tür des vormittags geschlossenen Bistros La Noblesse durch, zusammen mit einer kurzen Notiz. Hierin bat ich Ignaszewski um seine Unterschrift, da ich die Rechnung weiterleiten wolle. Er dachte natürlich, ich würde den Schaden meiner Haftpflichtversicherung melden, denn er unterschrieb postwendend und warf die Rechnung in meinen Briefkasten. Nachmittags war ich bereits wieder bei *Montoya*.

Der Mann grinste über das ganze Gesicht, als ich mit der unterschriebenen Rechnung vor seinem Schreibtisch saß, und er begann sofort, eine wundersame Anzeige gegen Ignaszewski zu diktieren. Sie lautete zu meinem allergrößten Erstaunen nicht nur auf versuchten Betrug wegen der gefälschten Rechnung, sondern auch auf Nötigung unter Gewaltandrohung.

Zur Verhandlung vor dem Strafgericht in *La Orotava* erschien der Angeklagte nicht. Er wurde deshalb in Abwesenheit für schuldig befunden und verurteilt. Ich als Geschädigter wurde gefragt, ob ich auf eine Bestrafung des Übeltäters Wert lege. Nachdem ich ausdrücklich darauf verzichtet hatte, ging Elektroklaus straffrei, aber schuldig aus dem Verfahren hervor. Nun würde ich zukünftig sicherlich meine Ruhe haben vor diesem Verbrecher. Leider entpuppte sich dieser Gedanke später als reiner Wunschgedanke!

Wir waren zum 30. April bei Odette ausgezogen, weil uns die Miete auf Dauer viel zu hoch war. Leider verdienten wir anfangs weitaus weniger mit unseren Exkursionen, als wir ursprünglich angenommen hatten, und es sollte ja weiß Gott nicht der Löwenanteil unserer Einkünfte für das Haus draufgehen. Außerdem stand nun die Flaute des Sommers bevor, die wir irgendwie finanziell überbrücken mussten. Unsere nicht gerade bescheidene Kaution erhielten wir wider alle Erwartungen von Odette zurück, allerdings nicht so ganz anstandslos, sondern eher schon anstandsvoll. Sie wollte auf einmal nichts mehr von einer ursprünglich zugesagten Verzinsung dieses Betrages wissen. Damals lag der Zinssatz für Sparkonten immerhin bei weit mehr als 10 Prozent, so dass wir einen nennenswerten Betrag zu erwarten gehabt hätten.

Als einige Wochen später die abschließende Nebenkostenabrechnung und die Telefonrechnung im Briefkasten lagen, war ich nicht bereit, diese zu bezahlen. Es handelte sich in etwa um den gleichen Betrag wie die unterschlagenen Zinsen. Ich schrieb Odette einen entsprechenden Brief. Damit war für uns die Sache aus der Welt. Nicht jedoch für Odette.

Ein halbes Jahr später ereilte uns ihre erste Attacke, die jedoch wirkungslos verpuffte. Irene wollte ihren allwöchentlichen Diavortrag im Hotel Maritim halten, als zwei spanische Herren an der Abendkasse erschienen. Das war völlig ungewöhnlich, da wir unsere Vorträge auf Deutsch hielten. Sie wiesen sich alsbald mit ihrer Marke aus und wollten Irenes Pass sehen. Als sie fragte, ob denn nicht die *Residencia* genüge, entfuhr dem einen von beiden das schöne spanische

Wort *mierda*, was auf Deutsch so viel bedeutet wie Stoffwechsel-Endprodukt. Er erklärte, dass eine Anzeige gegen uns vorläge. Angeblich seien wir illegal auf der Insel und würden schwarz arbeiten. Dieser Punkt habe sich durch die Vorlage der *Residencia* jedoch erledigt. Aber da sei noch etwas. Wir würden nämlich angeblich falsche Doktortitel führen. Aber auch diese Anschuldigung konnten wir am nächsten Tag durch Vorlage unserer Urkunden entkräften.

Dann aber wurde es richtig interessant, als es eines schönen Tages an der Haustür unseres neuen Domizils klingelte. Ein vornehm in Nadelstreifen gekleideter Herr fragte mit dezenter Stimme, ob wir ihn für ein paar Minuten empfangen würden. Er komme von der *Hacienda*, dem Finanzamt, und wolle nicht gerne auf der Straße mit uns reden. Ich bat ihn herein. Das, was er uns erklärte, konnten wir im ersten Moment gar nicht begreifen. Aber es war wieder einmal eine der unbegrenzten Unmöglichkeiten.

Zunächst fragte der Herr, ob es richtig sei, dass wir zuvor bei Odette gewohnt haben. Als wir bejahten, fuhr er mit wichtiger Miene fort. Unser dortiger Mietvertrag sei nicht offiziell gewesen. Wir hätten ein Formular mit dem Siegel des Finanzamtes verwenden müssen. Ein solches hätten wir in jedem *Estanco* genannten Papiergeschäft käuflich erwerben müssen. Unseren Einwand, dass so etwas doch wohl Sache des Vermieters sei, verneinte er mit bedauerndem Achselzucken. Nunmehr sei binnen 15 Tagen eine Geldstrafe von 30.000 Pesetas zu entrichten. Sollten wir innerhalb dieser Frist bezahlen, so würden wir einen Nachlass von 20 Prozent erhalten.

Das war wieder mal ein tolles Ding. Odette hatte uns einen Mietvertrag auf einem stinknormalen Blatt Papier zur Unterschrift vorgelegt. Wir jedoch wären verpflichtet gewesen, ihr ein offizielles Formular mit Steuermarke als Vorlage zu liefern, dessen Preis sich nach der Höhe des vereinbarten Mietzinses berechnete. Da wir dieses unterlassen hatten, waren wir ahnungslos, aber automatisch einer ungewollten Steuerhinterziehung schuldig geworden! Bei unserem jetzigen Mietvertrag lag der Fall natürlich ganz genau gleich. Ich hatte schon größte Bedenken, dass wir nunmehr auch diesen Vertrag vorzeigen sollten. Aber das interessierte den Herrn vom Finanzamt nicht die Bohne. Schließlich lag ja keine Anzeige vor! Unsere Zinseinnahme war jedenfalls in den Sand gesetzt. Wie gewonnen, so zerronnen!

Auch in Sachen Ignaszewski sollte es alsbald weitergehen, denn nun schaltete sich dessen Versicherung ein. In *Romantica* war fast jeder bei der Winterthur in *La Paz* versichert, da die Agentur einem Deutschen namens Thieme gehörte. Der feiste Versicherungsmanager signalisierte mir schon rein äußerlich, was in ihm steckt. Ich kannte ihn bis zum damaligen Zeitpunkt zwar lediglich vom Sehen, und zwar aus dem berüchtigten Tenniscafé von *La Romantica II*, wo er regelmäßig verkehrte. Aber mir wurde jedes Mal ganz übel, wenn ich diesen Herrn dort sah und hörte, und die Blicke, die er mir gelegentlich gönnte, zeigten mir, dass ihm meine Anwesenheit umgekehrt ebenfalls zu Brechreiz verhalf.

Die gewalttätige Linie von *La Romantica II* hatte ich mir zwar vom Hals geschafft. Jetzt aber hatte ich es mit der „Intelligenz" zu tun. Herr Thieme schickte mir einen eingeschriebenen Brief und bezichtigte mich doch glatt der schweren Sachbeschädigung bei Ignaszewski. Gleichzeitig forderte er Regress in Höhe von etwa 2.000 Mark, da er seinem Versicherungsnehmer den Schaden vorab ersetzt hatte.

Ich stattete dem feisten Versicherungsmann einen kurzen Besuch in seinem Büro ab. Als ich seine Visage so dicht vor mir sah, ritt mich der Teufel. Selbstverständlich sei ich es gewesen, sagte ich ihm. Aber er benötige zwei Zeugen, die mich gesehen haben. Insofern könne mich sein dummes Geschwätz noch nicht einmal peripher tangieren. Seine Antwort signalisierte zwar Gefahr, aber ich lachte ihn einfach aus und rauschte grußlos davon. Er rief mir irgendetwas von einem gerissenen Rechtsanwalt hinterher.

Es mochten ungefähr zwei Jahre ins Land gegangen sein, als der Fall dann vollkommen unvermittelt wiederauflebte. Bereits zuvor hatte mich Renate Wechselberger, die Inhaberin des Tenniscafés, darauf aufmerksam gemacht, dass mein Name in irgendeiner deutschen Zeitung stehe. Es handelte sich um einen Auszug aus dem amtlichen Mitteilungsblatt von *La Orotava*. Ich wurde dort aufgefordert, mich persönlich beim Gericht der Stadt zu melden, da meine Anschrift dort unbekannt sei. Leichtsinnigerweise nahm ich davon keinerlei Notiz. Schließlich hatte ich ja nichts angestellt.

Eines schönen Tages aber stand dann ein Jeep der *Guardia Civil* vor unserer Tür. Ein Polizist beleuchtete mit der Taschenlampe den Klingelknopf. Als ich ihn fragte, wen er denn suche, sagte der Mann doch glatt

Udo Moll. Ich war völlig überrascht und konnte mir nicht erklären, was die beiden von mir wollten. Aber das wurde ich im nächsten Augenblick gewahr.

Man erklärte mir, es läge ein Pfändungsbeschluss des Gerichtes von *La Orotava* gegen mich vor. Diesen habe die Winterthur erwirkt, und nun seien sie beauftragt, unsere beiden Autos zu beschlagnahmen! Ich erklärte, dass ich gar kein eigenes Auto besitze und zeigte als Beweis die Wagenpapiere vor. Der Pkw mit dem Freiburger Kennzeichen war nachweislich auf Dr. Irene Fink zugelassen, denn der Wagen stammte noch aus vorehelicher Zeit. Und unser Kleinbus lief immer noch als Mietwagen unter dem Namen des Vorbesitzers.

Die beiden Polizisten wurden unsicher, ja sie waren sogar ratlos. Wir sollten bitte am nächsten Tag zur Wache nach *La Orotava* kommen und mit dem *Jefe* sprechen. Der Chef war sehr freundlich, aber auch bestimmt. Bis zur gerichtlichen Feststellung der Eigentumsverhältnisse müssten die Autos eingezogen werden! Ich gab ihm zu verstehen, dass ich mich so lange weigere, die Fahrzeuge abzuliefern, bis ich den Fall mit meinem *Abogado* besprochen habe. Zu unserem Glück war er einverstanden. Er gab uns aber nur noch eine Woche Zeit.

Francisco Montoya schaute mich voller Bedenken an. Das sei eine schwierige Situation, meinte er. Ich hätte vor Gericht erscheinen müssen, um dort das Urteil gegen Ignaszewski zu präsentieren. Nun sei es dafür leider zu spät. Es sei denn, ich könne nachweisen, dass ich mich beim Erscheinen des fraglichen Mitteilungsblattes für einen längeren Zeitraum nicht auf der Insel aufgehalten habe. Als Beweis würde beispielsweise eine Quittung über bezahlte Miete irgendwo in Deutschland genügen.

Das also war die Taktik des listigen Versicherungsmaklers und seines gerissenen Anwalts gewesen. Man tat so, als sei meine Adresse unbekannt. Und nach erwirktem Säumnisurteil hatte man mich plötzlich rechtzeitig zur Pfändung entdeckt. Es wäre mir nicht schwergefallen, die 2.000 Mark zu bezahlen, um aus dieser Sache herauszukommen. Aber eine solche Genugtuung konnte ich dem feisten Thieme auf keinen Fall gönnen. Ich hätte doch mein Gesicht verloren!

Die Quittung aus Deutschland besorgte ich mir noch am selben Tag in der Kneipe von Axel und Vera. Der *Club Romantica II* war ein schönes Lokal. Man konnte sogar draußen sitzen. Trotzdem wollte dieser Laden nie so richtig laufen. Schon drei verschiedene Inhaber hatten hier im Verlauf der letzten zwei Jahre ihr Glück probiert und waren gescheitert. Axel und Vera waren die Nummer vier.

Axel hatte schon in Deutschland für kurze Zeit eine Kneipe mit Fremdenzimmern besessen, und den Firmenstempel hatte er zum Glück nach Teneriffa mitgebracht. Er bescheinigte mir im Handumdrehen, dass ich weiland zur fraglichen Zeit ein halbes Jahr bei ihm residiert hatte. Schließlich waren wir ja gute Kunden!

Die einzige Hürde war jetzt nur noch der arrogante blonde Sesselfurzer im Deutschen Konsulat, denn bei ihm musste ich die Quittung amtlich beglaubigt ins Spanische übersetzen lassen. Er schaute sich den

Wisch an und meinte prompt, mir würde ohnehin niemand glauben, dass ich 4.800 Mark Miete bezahlt habe.

Ich antwortete ziemlich gereizt, dass ihn der Inhalt des zu übersetzenden Schriftstückes einen feuchten Kehricht angehe. Schließlich verlange ich lediglich eine Übersetzung, sonst nichts weiter. Und wenn er schon der Ansicht sei, seine Nase in anderer Leute Angelegenheiten stecken zu müssen, dann möge er bitte beim Lesen daran denken, was ihm der Lehrer in der ersten Klasse beigebracht habe. Er zermarterte sich einen Moment lang sein Großhirn, bemerkte nun beim zweiten Anlauf, dass es sich immerhin um ganze sechs Monatsmieten handelte, kratzte sich hinter dem Ohr und sagte, ich könne die Übersetzung nächste Woche abholen.

Der feiste Thieme hatte also trotz aller angewandten List sein Ziel deutlich verfehlt. Von nun an wussten sie in Romantica II alle, dass ich sogar besser war als ihre Intelligenz. Ignaszewski machte kurz darauf echte Karriere, als er versuchte, einer weit über neunzigjährigen alten Dame das Sparbuch zu stehlen und über 300.000 Mark abzuheben. Die Frau hatte nämlich den Diebstahl beobachtet und verfügte ungeachtet ihres hohen Alters über die Nerven, den Kerl mit dem Sparbuch unbehelligt ziehen zu lassen. Sie setzte aber einen Privatdetektiv auf ihn an, um dieses Subjekt endlich dingfest machen zu lassen. Selbst als ihr Verdacht schöpfender Banker hinter den Kulissen verschwand und sie – von Ignaszewski unbemerkt – anrief, um sich zu erkundigen, ob denn die große Abhebung durch Elektroklaus in Ordnung gehe, bejahte sie eiskalt! Der Gangster wurde Stunden später in Madrid mitsamt der Kohle in der Aktentasche aus dem Flugzeug geholt und verhaftet. Er landete für einige Jahre hinter Schloss und Riegel. Und als er wieder draußen war, tat er dasselbe wie all die anderen, die auf Teneriffa gescheitert sind: Er wanderte ab in die Dominikanische Republik, weil man dort ein leichteres Fortkommen hatte.

Ich genoss jetzt alles andere als Sympathien in *La Romantica II*. Im Gegenteil: Meine „Heldentaten" stießen nicht gerade auf Begeisterung, denn Pack hält bekanntlich zusammen. Es trat auch noch der ein oder andere Nachzügler auf, der unbedingt seine Kräfte mit mir messen wollte. Im Prinzip war es das gleiche Phänomen wie weiland im Wilden Westen, wenn einer der besten Revolverhelden weit und breit in irgendeinem Kaff auftauchte. Sofort wollten einige minder Bemittelte versuchen, ob sie es nicht doch mit ihm aufnehmen konnten.

Wir hatten in *La Romantica II* binnen kürzester Zeit genug für ein ganzes Leben in Spanien gelernt. Deshalb zogen wir beizeiten woanders hin. Aber noch heute reizt uns der bestechende Gedanke, das Schild mit dem Blumen- und Badeparadies in einer Nacht- und Nebelaktion gegen ein Neues mit ehrlicherem Text auszutauschen.

Erste Schritte im neuen Beruf

Dort, wo sich unkundige Ausländer zuhauf versammeln, dort scharen sich auch stets einheimische Nepper und Bauernfänger, die nur darauf lauern, den einen oder anderen Betrug zu landen. Ihr Spektrum reicht vom kleinen Eierdieb bis hin zum abgebrühten Profi. Es handelt sich dabei nur sehr selten um waschechte *Canarios*, sondern meistens um zugewanderte Spanier von der Halbinsel. Dass auch wir nicht ganz vor dieser Spezies verschont bleiben konnten, liegt natürlich auf der Hand.

Kleine Eierdiebe trifft man gehäuft unter den Kneipenwirten in den Touristenzentren und entlang der vielbefahrenen Ausflugsstrecken. Sie schenken manchmal billigen Fusel ein, obwohl man etwas Edles bestellt hat. Spezialist für diese Art von Delikten war beispielsweise der Inhaber der *Bar Mavi*. Sie befand sich an der *Carretera del Botánico* in La Paz, genau gegenüber der Zufahrt zum noblen *Hotel Botánico*.

In der Bar nebenan ging es diesbezüglich total ehrlich zu. *Antonio*, der stockschwule Kellner, kam stets mit einer nicht nachfüllbaren Originalflasche und schenkte am Tisch ein. Dafür aber hieß es aufgepasst, wenn man die Rechnung bezahlte! Falls es sich nämlich um einen etwas größeren Posten handelte, machte die Inhaberin ihn mit List und Tücke stillschweigend noch größer. Sie konnte getrost darauf bauen, dass der dann bereits gehörig alkoholisierte Fremde nichts merkt, denn in den Touristenhotels lagen die Preise sowieso um das Doppelte höher.

Aber es handelt sich bei dieser Art von Delikten stets nur um 'kleine Fische'. Echte Betrüger treten naturgemäß erst auf, wenn man als Ausländer neu auf der Insel lebt. Dann nämlich ist man über kurz oder lang ganz einfach gezwungen, irgendwelche Geschäfte zu tätigen. Am gefährlichsten sind Immobilienkäufe, wie wir schon ganz zu Beginn unserer Auswanderung von Jackie Moerman erfahren hatten. Aber auch der Kauf eines Gebrauchtwagens kann einen von einem Problem in das nächste stürzen. Diese schmerzliche Erfahrung mussten wir leider machen, nachdem wir den ersten Kleinbus für unsere Touristenexkursionen gekauft hatten.

Die erste Wintersaison bewältigten wir noch per Mietwagen, weil wir unser neues Geschäft zunächst einmal testen wollten, ohne gleich eine größere Investition zu tätigen. Leider trat deshalb von Fall zu Fall das große Problem auf, bei Bedarf auch tatsächlich einen Mietwagen zu bekommen. Kleinbusse gab es nicht gerade häufig, und oft waren sie ausgebucht. Deshalb wurde es schon bald dringend notwendig, rechtzeitig vor unserer zweiten Wintersaison einen gebrauchten Bulli zu finden und zu kaufen.

Im entscheidenden Augenblick lenkte Genosse Zufall unsere Geschicke in eine Richtung, die wir noch Jahre später bedauern sollten. Wir hatten bis zum fraglichen

Oktober noch immer keinen geeigneten Gebrauchten gefunden, aber die erste Exkursion der neuen Saison stand bereits an. Also fuhren wir zu unserem Autovermieter, um seinen schon so oft ausgeliehenen Kleinbus wieder einmal zu reservieren. Es handelte sich um einen kleinen Hinterhofbetrieb namens *Marauto*. Der Besitzer war ein seriös wirkender älterer Herr, der uns stets sehr freundlich und auch entgegenkommend behandelte. Seine Preise waren äußerst fair, und sein Kleinbus eignete sich perfekt für unsere Zwecke. Außerdem war der Wagen nur selten bereits vermietet, wenn wir ihn benötigten.

Als wir jetzt den Bulli mieten wollten, schüttelte *Don García* bedauernd den Kopf. „Der Wagen steht bei Renault. Er soll verkauft werden." Irene und ich schauten uns an. Das war doch eine glückliche Fügung des Himmels. Wir kannten den Wagen in- und auswendig und glaubten deshalb zu wissen, dass er keine gravierenden Mängel aufwies. Außerdem war die Gurke schon über fünf Jahre alt und konnte deshalb unseren finanziellen Spielraum auf keinen Fall übersteigen.

Don García bemerkte natürlich sofort unseren Blick und deutete ihn völlig richtig. „Wenn sie Interesse an dem Wagen haben, kann ich ja mal bei Renault anrufen und fragen, ob er noch zu haben ist. Ich mache ihnen auch einen Sonderpreis. Sagen wir 550.000 Pesetas."

Wir willigten sofort ein, und *Don García* schrieb von Hand einen Kaufvertrag. Außerdem versah er uns pro forma mit einem zeitlich unbefristeten Mietvertrag für den Wagen. Er meinte, dies sei ein geschickter

Schachzug, falls uns einmal die Polizei beim Abholen unserer Fahrgäste Probleme bereiten sollte.

Seine Idee war nicht schlecht, denn doppelt genäht hält besser. Wir hatten zwar die Ausrede mit der Gratisfahrt parat, bei einem Mietwagen konnten wir aber gegebenenfalls auch behaupten, wir hätten den Wagen zusammen mit acht Freunden geliehen. Der alte *García* war ganz schön clever. Er war sogar noch so nett, uns die billigste Autoversicherung zu vermitteln. Zwei Jahre lang ging fast alles glatt. Bis auf die Bremse des linken Vorderrades. Wir hatten in diesem Zeitraum drei Mal einen phantastischen Schutzengel dabei, denn wie anders ist es zu erklären, dass es nicht nur zu keinem schweren Unfall mit Toten und Schwerverletzten kam, sondern noch nicht einmal zu einer leichten Karambolage. Man bedenke, dass 80 Prozent aller Straßen auf der Insel extrem hohes Gefälle besitzen. Die Chance, ausgerechnet beim Herunterfahren plötzlich keine Bremse mehr zu haben, ist außergewöhnlich groß!

Beim ersten Mal wollten wir Gäste am *Hotel Santiago* in *Los Gigantes* abholen. Damals verbrachte der ehemalige Nachfolger Erich Honeckers hier seinen Urlaub. In der Hotelauffahrt hatte sich eine Gruppe Spanier mit diversen Transparenten aufgestellt. Die gelungenste Aufschrift lautete '*Egon Krenz, el grande bandido*'.

Um hierher zu gelangen, mussten wir von *Los Realejos* entlang der Nordküste nach *Icod de los Vinos* fahren und von dort das Gebirge überqueren. Vom 1.117 Meter hohen *Erjospaß* ging es dann in unzähligen Serpentinen bis ans Meer hinunter. Wir parkten beim

Hotel ordnungsgemäß ein. Ich wollte nur noch einen halben Meter zurücksetzen, damit mein Vordermann genügend Rangierabstand bekam. Als ich nach diesem Manöver auf die Bremse trat, stellte ich fest, dass gar keine mehr vorhanden war!

Nicht auszudenken, wenn uns dieses Malheur auf der abschüssigen Serpentinenstrecke passiert wäre. So viel Glück kann man eigentlich nur ein einziges Mal haben. Wir mussten unsere Kunden leider vertrösten. Sie hatten Verständnis für unsere Situation und waren bereit, erst in zwei Tagen an der Exkursion teilzunehmen. Auch das war ein großes Glück, denn sonst hätten wir zusätzlich zu den Reparaturkosten auch noch einen schmerzlichen Verdienstausfall gehabt.

Auf der Südseite der Insel war es unmöglich, eine Werkstatt zu finden, die den Schaden kurzfristig beheben konnte, denn dort ist die kanarische Mañanamentalität einfach übermächtig. Also fuhr ich den bremsenlosen Wagen bei Nacht und Nebel über *Las Cañadas* nach *Los Realejos* und parkte vor unserer angestammten Werkstatt namens *Taller Reginaldo*. Nachts ist in dem bis 2.300 Meter hoch gelegenen Nationalpark von *Las Cañadas* kein Mensch mehr unterwegs, und auch die Zufahrtswege sind vollkommen autofrei. Beim behutsamen Abwärtsfahren verfügte der Diesel im ersten Gang über genügend Bremswirkung. Für den Notfall hatte ich ja auch noch die Handbremse zur Verfügung.

Am nächsten Morgen war der Schaden schnell behoben. Die Dichtung des Radbremszylinders war gerissen und brauchte lediglich durch eine neue ersetzt zu werden. Aber der nächste Bremsenschaden, wieder vorne links, sollte nicht lange auf sich warten lassen. Irene wollte wieder einmal in *Los Gigantes* Kunden abholen. Sie kam jedoch nur noch mit Mühe und laut knirschender Bremse bis zum Hotel und musste den Kunden wieder einmal absagen.

Diesmal musste der Wagen abgeschleppt werden. In der Werkstatt stellte sich heraus, dass vorne links ein Bremsklotz fehlte. Er war unterwegs auf wundersame Weise verlorengegangen! Deshalb drückte bei der ersten Bremsung danach der Bremskolben direkt auf die Bremsscheibe: Stahl auf Stahl. Die Bremsscheibe war schrottreif. Aber trotzdem hatten wir wieder einmal Glück gehabt. Weil der Wagen noch nicht voll besetzt war, reichte der minimale Pedaldruck gerade eben noch aus, um das Fahrzeug unmittelbar nach dem Bremsklotzverlust vor der nächsten Serpentine ausreichend abzubremsen.

Nach den nächsten 10.000 gefahrenen Kilometern passierte es schon wieder. Ich war gerade eine abenteuerliche Steilpiste hinuntergekommen, die Fahrer und Fahrzeug wirklich alles abverlangt hatte. Trotz des ersten Ganges musste die Bremse permanent voll beansprucht werden. Gerade eben hatte ich wieder halbwegs ebenes Terrain unter den Rädern und wollte anhalten, da sich ein wunderschöner Ausblick über das ausnahmsweise völlig wolkenlose *Orotavatal* bot. Bei Tempo 15 trat ich sanft auf die Bremse und merkte, dass der Pedaldruck gänzlich ausfiel.

Wir waren dem Tod gerade noch einmal von der Schippe gesprungen! Zum Glück wussten unsere Fahrgäste und Irene nichts davon. Während die Leute ihre schöne Aussicht genossen und eifrig fotografierten, ging ich unauffällig 100 Meter zurück und fand den Bremsklotz. Ich steckte ihn in meine Hosentasche, weil ich ihn dem Mechaniker zur Begutachtung mitbringen wollte.

Den Rückweg trat ich ohne Fußbremse an, und zwar so umsichtig und vorausschauend, dass ich kein einziges Mal bremsen musste und auch so, dass meine Fahrgäste nichts merkten. Schließlich besaß ich darin ja bereits Übung. Ich wollte nämlich keinesfalls die gesamte Tageseinnahme wegen dieser verfluchten Bremse zurückerstatten müssen. Nur Irene unterrichtete ich, damit sie unterwegs die Erklärungen allein übernahm. Ich musste mich derweil voll auf das Autofahren konzentrieren. Mein Vorhaben gelang denn auch zur vollen Zufriedenheit aller Beteiligten, und die Bremsscheibe blieb auch ganz.

Kaum hatte ich die Fahrgäste vor dem Hotel *La Chiripa Garden* in *Puerto de la Cruz* abgesetzt, war ich auch schon in der Werkstatt und zeigte dem Monteur den Bremsklotz. Er baute daraufhin beide vorderen Bremssättel aus und begann, sie mit der Schublehre vergleichend zu vermessen. Das Ergebnis war unfassbar, aber überwältigend.

Don García ließ die Wartungs- und Instandhaltungsarbeiten an seiner Mietwagenflotte aus Gründen der Sparsamkeit stets von seinem Sohn durchführen, obwohl der junge Mann keineswegs ein Fachmann, sondern ein verantwortungsloser Murkser war. Der gusseiserne Bremssattel links vorne war offenbar bei einem schweren Aufprall gebrochen. Da ihm das Original-Ersatzteil viel zu teuer war, ließ er in einer Gießerei kurzerhand einen passenden Bremssattel anfertigen. Leider war jedoch die Aussparung für den einen Bremsklotz etwas zu groß geraten. Wenn der Belag nach etwa 10.000 Kilometern aufgrund des Verschleißes dünner geworden war, sprang er irgendwann während eines Bremsvorganges nach oben aus der Öffnung heraus. So einfach war das!

Ich ließ jetzt die gesamte Bremsanlage ausbauen, zerlegen und auf Schäden gründlich überprüfen, damit wir vor weiteren tödlichen Überraschungen dieser Art sicher sein durften. Der technische Ärger war damit endlich vorbei. Aber ersatzweise traten ganz andere Schwierigkeiten auf, die an Abenteuerlichkeit kaum noch zu übertreffen sind. Die Insel der unbegrenzten Unmöglichkeiten schlug erbarmungslos zu.

Auslösendes Moment war unser an und für sich sehr bescheidener Wunsch, den eigenen Wagen zwei Jahre nach dem Kauf doch auf unseren Namen umschreiben zu lassen. Es hatte nämlich Ärger mit der Polizei gegeben, die uns weder die Nummer mit der Gratisfahrt noch die Story mit dem Mietwagen so recht glauben wollte. Man hatte uns deshalb, um weitere Probleme zu vermeiden, geraten, in Santa Cruz bei der Verkehrsbehörde die VD-Plakette zu beantragen.

Die *Tarjeta*, wie man eine Plakette hierzulande nennt, ist sozusagen die Lebensader des *Transportista*! Ein Transporteur ohne Plakette ist nämlich schlicht und ergreifend illegal. Was uns kein *Gestor* verraten hatte, das erfuhren wir auf diese Weise anlässlich eines illegalen Transportversuchs, bei dem man uns in flagranti erwischt hatte. Dieses eine Mal setzte es noch keine Anzeige, da der Schutzmann uns die Mietwagenstory abnehmen musste, obwohl er ahnte, was da im Gange war. Aber beim nächsten Mal, daran ließ er keinen Zweifel, würde er uns aus dem Verkehr ziehen.

Das spanische Transportwesen ist eine Wissenschaft für sich, deren Geheimnis ich bis zum heutigen Tage noch nicht gänzlich lüften konnte. Aber eines ist sicher: Sowohl der Gütertransport, als auch der Personentransport sind in unüberschaubar viele Spezialbranchen untergliedert, die allesamt staatlich kontrolliert und umfangmäßig limitiert sind. Und für jede einzelne von ihnen gibt es eine ganz bestimmte *Tarjeta*. Taxis benötigen beispielsweise die *Tarjeta SP*, was so viel bedeutet wie *Servicio público*. Und für uns wäre eben die *Tarjeta VD* in Frage gekommen.

Wir erkundigten uns beim *Tráfico* in *Santa Cruz*, ob eine Beantragung der VD-Plakette problemlos möglich sei, was uns bestätigt wurde. Voraussetzung sei jedoch, dass das betreffende Fahrzeug auf unseren Namen zugelassen ist. Also fuhren wir mit den Fahrzeugpapieren zur Zulassungsstelle. Der Mann hinter dem Schalter hatte kaum unsere Autonummer in seinen Computer eingegeben, als er auch schon vehement den Kopf schüttelte.

Eine Umschreibung könne zum gegenwärtigen Zeitpunkt leider nicht vorgenommen werden, meinte er, da das Fahrzeug mit zwei *Embargos* belastet sei. Als ich ihn ungläubig anstarrte, erklärte er mir, dass der Vorbesitzer, eben jener ehrenwerte *Don García*, beim Rathaus von *Puerto de la Cruz* diverse Gebührenschulden nicht bezahlt habe.

Jetzt ging mir ein Licht auf! Auf unserem Wagen klebten zwei unsichtbare Kuckucks, die *Don García* durch seine Mietwagenstory verschleiert hatte. Er konnte ja davon ausgehen, dass wir das Fahrzeug auf seinen Namen weiterlaufen lassen würden, um so auf Dauer einen Mietwagen zu besitzen. Und jetzt war alles herausgekommen.

Wutentbrannt fuhr ich nach *Puerto de la Cruz*. *„No problema,"* beruhigte mich *Don García*. Er habe die Sache mit den *Embargos* völlig vergessen und werde die Angelegenheit sofort in Ordnung bringen. Außerdem empfahl er mir seinen *Gestor*, der alle Formalitäten schnell, zuverlässig und preiswert für uns erledigen würde. Er komme sogar zu uns nach Hause. Das sei sein ganz besonderer Service. Leider glaubte ich dem Gauner auch dieses Mal wieder und willigte arglos ein.

Bereits am nächsten Tag stand der Herr *Gestor* auf unserer Matte. Er war derartig fett, dass er nur mit Mühe durch die Wohnungstür passte. Die Flurtreppe zum ersten Stock hatte ihm offenkundig mächtig zugesetzt, denn er wischte sich noch Minuten später pausenlos die Schweißperlen von der Stirn. Ich spürte derweil noch immer den Ekel, den sein wabbeliger Händedruck hinterlassen hatte. Wir verliehen dem Herrn intern den Spitznamen 'Schweinchen Dick'.

Er verlangte zunächst sämtliche Fahrzeugpapiere, die er sorgfältig zu studieren schien. Anschließend füllte er jede Menge Antragsformulare aus, die ich unterschreiben musste. Außerdem erteilte ich ihm eine Vollmacht. Und dann lag auch schon seine Rechnung auf dem Tisch des Hauses, die im Voraus zu bezahlen war. Später lernte ich, dass man auf Teneriffa bereits daran mit ziemlicher Treffsicherheit die echten

Ganoven erkennt. Doch zum damaligen Zeitpunkt wusste ich das leider noch nicht.

Die Versicherung und die Kraftfahrzeugsteuer seien in zwei Wochen fällig und er müsse diese Zahlungsbelege bei der Beantragung der *Tarjeta* vorlegen. Insofern sei es zweckmäßig, wenn er dieses für uns erledige, denn damit erspare er sich und vor allem auch mir einige Botengänge. Er hatte recht. Denn was man in Deutschland ganz bequem per Bankeinzug erledigt, das verursachte auf der Insel damals noch einen gewaltigen Zeitaufwand. Man war stets gezwungen, sämtliche Rechnungen in bar zu bezahlen, was bei Behörden fast immer stundenlanges Anstehen mit sich brachte.

Also bezahlte ich dem Dicken die Rechnung und gab ihm das Geld für die Versicherung und die Steuer mit. Es handelte sich um einen Gesamtbetrag von gut 250.000 Peseten, dessen Empfang er mir ordnungsgemäß quittierte. Schweinchen Dick steckte das Geld und die Fahrzeugpapiere ein, trank anschließend ein Bierchen und verabschiedete sich.

Danach haben wir den Kerl nie wieder gesehen. Anfangs rief er noch des Öfteren wegen irgendwelcher Rückfragen an, aber auch diese Ablenkungsmanöver blieben bald aus. Der ganze Schwindel flog endlich auf, als ich mich beim *Tráfico* in *Santa Cruz* nach dem Gang der Dinge erkundigte.

Nein, ein Antrag auf Erteilung der *Tarjeta VD* sei für mich nicht eingereicht worden! Und als die freundliche Dame den Namen von Schweinchen Dick hörte, wurde sie blass. Der habe schon mehrfach wegen Betrugs im Knast gesessen, und beim *Tráfico* habe man ihm Hausverbot erteilt. Unsere Peseten waren also in den Sand gesetzt!

Jetzt schwor ich den beiden Ganoven gnadenlose Rache. Gerichtlich kann man gegen solche Typen in Spanien nichts erreichen. Im Gegenteil, man produziert nur noch zusätzliche Kosten für den Rechtsanwalt. Also ist es ratsamer, seine Feinde auf irgendeine andere Art und Weise empfindlich zu treffen. Den Dicken bediente ich sofort, während ich für *Don García* einen längerfristig angelegten Plan entwickelte.

Ich wusste, wo in *Santa Cruz* Schweinchen Dick wohnte, und ich kannte auch sein Auto, einen roten Opel Corsa. Es war mir schleierhaft, wie der Fettsack darin überhaupt Platz fand. Aber das war mir jetzt egal. Gegen 2 Uhr nachts holte ich meine Axt aus der Garage. Auf sie wartete zu so später Stunde noch Arbeit. Ich fand den roten Corsa nach kurzer Suche. Ein Blick in die Runde zeigte mir, dass niemand in der Nähe war. Der erste Hieb zerstörte die Windschutzscheibe, und der zweite durchschlug Sekunden später das Dach. Ich ließ meine wertvolle Axt dort einfach stecken, sprang in den Bulli und fuhr nach Hause zurück. Der erste Fall war damit gebührend erledigt. Schweinchen Dick konnte so mit dem gestohlenen Geld allenfalls die Reparaturrechnung bezahlen.

Im Fall *García* besaß ich ein hervorragendes Faustpfand: den auf seinen Namen zugelassenen Bulli. Alles, was von jetzt an mit diesem Auto passierte, traf *García*. Beispielsweise fand jeder Strafzettel seinen Niederschlag in *Garcías* immer länger werdender Liste der *Embargos*, denn ich ließ keine Gelegenheit aus, falsch zu parken. Auch fuhr ich bei jeder

Radarkontrolle absichtlich viel zu schnell. Und wenn an einer Ampel ein Polizist stand, fuhr ich glatt bei Knallrot über die Kreuzung.

Unser Nissan Urvan konnte nunmehr unter den gegebenen Umständen nicht mehr zum Transport unserer Kundschaft eingesetzt werden. Die alte Gurke war inzwischen im Transportgewerbe bekannt geworden wie ein bunter, weil tarjetaloser Hund. Inselweit warteten die Taxifahrer nur darauf, uns wegen unerlaubter Transporte aus dem Verkehr ziehen zu lassen. Wir waren gezwungen, einen neuen Bus zu kaufen.

Verkaufen konnten wir den Urvan wegen der *Embargos* natürlich auch nicht. Also benutzten wir ihn privat, aber nicht nur, um unseren Pkw und den neuen Bus zu schonen. Wenn meine Rache an *García* gelingen sollte, dann mussten wir die alte Karre so lange fahren, bis sie eines Tages endgültig den Geist aufgab. Erst dann nämlich wurden sämtliche *Embargos* auf einen Schlag zur Zahlung fällig! Hauptsächlich deshalb ersparten wir dem Auto keinen einzigen Kilometer. Langsam, aber sicher wurde der Urvan immer betagter, und schließlich war sein desolater Zustand von keinem Menschen mehr zu übersehen. Manchmal kam ich mir hinter dem Steuer vor wie ein Asozialer. Aber eigentlich nahm niemand Anstoß an dem rundherum völlig verbeulten Gefährt. Selbst, als die Scheinwerfer aus der Karosserie herausbaumelten und wir von einer Polizeistreife angehalten wurden, passierte nichts. Die *Guardia Civil* wollte bloß kontrollieren, ob der Wagen versichert war!

Wir veranstalteten inzwischen nicht mehr nur Kleinbusexkursionen, sondern auch naturkundliche

Bergwanderungen. Dabei konnte es dann von Fall zu Fall schon einmal vorkommen, dass wir den Urvan doch noch ausnahmsweise für den Kundentransport einsetzen mussten, weil sich so viele Naturfreunde angemeldet hatten. Wir warnten die Interessenten jedoch vor und verfügten somit über deren Einverständnis, der Not gehorchend einmal mit einem Schrottauto zu fahren.

Jedenfalls erinnere mich noch an einen lustigen Wandersmann aus Berlin, weil er einen besonders gelungenen Kommentar über unsere alte Karre abgab. Er ging einmal rund um den Wagen und meinte dann, ohne auch nur eine Miene zu verziehen: „Den hat der Tenno och noch selber zusammenjebaut, wa!"

Ein anderes Mal hielten wir vor der *Bar Meme* in *La Paz*. Als wir ausstiegen, kam der schwule Kellner *Antonio* eilfertig angelaufen und begrüßte uns mit den Worten: „*Uy, su coche nuevo!*" Dabei dehnte er das ʻ*nuevo*ʼ ganz besonders genüsslich, während er mit den Händen so tat, als wolle er sich seine herausgefallenen Augen wieder einsetzen.

Etwas weniger Humor besaß der Schutzmann der *Policía Local* von *Santa Cruz*, welcher einen Unfall aufnahm, den ich verursacht hatte. Ich war wieder einmal, jetzt aber ohne Absicht, bei Rot über eine Kreuzung gefahren und dort mit einem Kleinwagen zusammengestoßen. Die Ampel hatte ich gar nicht gesehen, weil sie in einer Baumkrone verborgen war. Was den Schutzmann brennend interessierte, war die Frage, ob das Auto noch TÜV hatte oder nicht. In Anbetracht des deutlich erkennbaren Zustands meines Wagens konnte ich ihm vor lauter Lachen fast gar nicht antworten. Die *Tarjeta* des ITV, wie man den TÜV hier nennt, war bereits seit über drei Jahren abgelaufen. Dafür erhielt *Don García* eine weitere Anzeige. Zack, schon wieder ein *Embargo* auf der langen Liste!

Die Schiebetür des Urvans war durch den Aufprall stark in Mitleidenschaft gezogen worden. Es lag wohl hauptsächlich daran, dass der Sohn von *García* etwas im Innenleben der Tür repariert zu haben schien. Um an die schadhafte Stelle heranzukommen, hatte er kurzerhand die äußere Blechhaut der Tür ausgeschnitten und anschließend, nach erfolgreicher Reparatur, sorgfältig wieder eingeschweißt. Die Fugen waren nach diesem Eingriff zugespachtelt und überlackiert worden.

Dieses sorgfältig wieder eingesetzte Blech lag nun in einem Rinnstein von *Santa Cruz*, so dass die Innenverkleidung aus Plastik jetzt zugleich die Außenhaut der Schiebetür bildete, die sich im Übrigen seit jenem Ereignis nicht mehr öffnen ließ. Für eventuelle Fahrgäste bedeutete dieser Mangel beim Ein- und Aussteigen eine größere Erschwernis, mussten sie doch die vordere Beifahrertür benutzen und nachher oder vorher über den zwischen den Vordersitzen eingebauten Motor klettern. Aber selbst meine Mutter schaffte dies trotz ihrer damals 82 Jahre ziemlich problemlos. Diesbezüglich war sie von besonderem Ehrgeiz beseelt, weil sie so zur baldigen Bestrafung *Don Garcías* beitragen wollte. Das bequemere Auto durften wir ihr zuliebe einfach nicht benutzen.

Nach fünf Jahren war es dann endlich so weit. Die Stunde der Abrechnung kam. Freunde aus

Deutschland hatten ihren Besuch angesagt, und wir wollten die beiden am Flughafen abholen. Die alte Gurke stand vor dem Haus. Meine Mutter war gerade mit dem aufwendigen Einsteigen beschäftigt, als ausgerechnet ein Jeep der *Guardia Civil* gemächlich herannahte. Ich beobachtete ganz genau, wie ein wahrhaftiger Ruck durch den Fahrer ging, als er die mit Worten nicht zu beschreibende Szene in sich aufnahm. Er ging auch sofort instinktiv vom Gas. Aber dann roch ihm das Ganze wohl doch zu stark nach Arbeit, und er fuhr weiter. Der junge Kollege neben ihm gähnte gelangweilt.

Als unser Besuch auf dem Parkplatz des Flughafens den ramponierten Nissan erblickte, schienen ihnen im ersten Moment die Augen vor Staunen aus den Höhlen treten zu wollen. Aber dann drehten sie beide eine Runde um die Karre, um bloß jede Beule richtig auskosten zu können. Ihre Lachsalven waren unbeschreiblich und wollten gar nicht mehr enden, besonders, als sie meine Mutter beim Einsteigen beobachteten. Der Urlaub auf der Insel der unbegrenzten Unmöglichkeiten hatte fröhlich begonnen.

Doch es sollte noch fröhlicher kommen. Wir brachten meine Mutter nach Hause und nahmen bei ihr noch ein paar Drinks. Anschließend fuhren wir mit unserem Besuch zu uns nach Hause. Es war schon dunkel. Bei der Autobahnausfahrt *Santa Ursula* stotterte plötzlich der Diesel. Ich kuppelte geistesgegenwärtig aus, damit uns der Schwung des Autos noch etwas voranbrachte, denn nach *La Victoria*, der nächsten Ausfahrt, war es nur noch etwas mehr als ein Kilometer. Genau unter dem Schild 'La Victoria 500 m' blieb der

Urvan stehen. Der Motor ließ sich nicht wieder starten. Bis nach Hause fehlten jedoch nur noch drei Kilometer zu Fuß. Ich war wegen meiner regelmäßig stattfindenden Wandertouren bestens durchtrainiert und erreichte nach nur 20 Minuten unsere Garage, wo der neue Bus stand. Nach höchstens 10 weiteren Minuten hielt ich bereits hinter dem Schrotthaufen. Die drei anderen hatten das Wrack zwischenzeitlich total ausgeräumt.

Wir mussten uns beeilen und verschwinden, bevor zufällig eine Polizeistreife vorbeikam. Der Inhalt des Handschuhfachs, das Bordwerkzeug und das Gepäck unseres Besuchs waren flugs im neuen Wagen verstaut. Die amtlich beglaubigte Kopie des Kraftfahrzeugscheins mit dem Namen und der Anschrift *Garcías* legte ich auf den Fahrersitz des Wracks, damit der Halter des Fahrzeugs auf jeden Fall ohne Umschweife festgestellt werden konnte. Die Versicherungsunterlagen, die auf unseren Namen liefen, nahm ich natürlich mit. Somit war der Wagen offensichtlich ohne Versicherung gefahren worden, denn *García* konnte ja keinen entsprechenden Nachweis führen.

Fahren ohne Versicherung ist das teuerste Verkehrsdelikt in Spanien. Es kostete damals umgerechnet etwa 4.000 Mark. Hinzu kam eine abermalige Anzeige wegen der natürlich immer noch abgelaufenen *Tarjeta de ITV*, eine weitere wegen der vier abgefahrenen Reifen, auf deren Laufflächen bereits die Stahlgürtel von Michelin glitzerten und schließlich noch eine wegen Parkens auf der Autobahn. Nicht zu vergessen waren außerdem noch die Abschleppkosten. Das Ganze hatte sich an einem Freitag abgespielt.

Selbstverständlich fuhren wir ab dem nächsten Morgen mehrmals täglich an der Autobahnstelle vorbei, um den weiteren Fortgang der Dinge im Auge zu behalten. Die *Guardia Civil* stellte uns auf eine harte Geduldsprobe. Am Montag stand der Havarist immer noch unbeachtet auf dem Haltestreifen. Lediglich mit dem Unterschied, dass die Warnblinkanlage nicht mehr funktionierte. Offenbar hatte sich die Batterie durch das permanente Blinken entladen. Ich hielt bei dem Wrack an und öffnete die Heckklappe, um den Wagen etwas auffälliger zu machen.

Doch auch das half nichts. Am Dienstag kauften wir bei unserem Gemüsehändler im 13 Kilometer entfernten *La Longuera* ein. Der Mann erzählte uns, er habe unseren Wagen mit offener Heckklappe bei starkem Regen auf der Autobahn stehen sehen. Daraufhin habe er angehalten und die Klappe geschlossen. Ich sehe noch immer das ungläubige Erstaunen auf seinem Gesicht, als Irene ihm erklärte, dass es sich nicht etwa um unser Auto handelte, sondern um einen Mietwagen.

Am Mittwoch war es dann endlich so weit. Als wir vorbeikamen, wurde unser Urvan gerade eben aufgeladen, und zwei Beamte der *Guardia Civil* waren damit beschäftigt, das auf dem Fahrersitz gefundene Dokument zu studieren. In der Haut des ehrenwerten *García* mochte ich nicht stecken. Aber er hatte es auf jeden Fall nicht besser verdient. Kurze Zeit später war seine Autovermietung geschlossen. Ob es aus Altersgründen geschehen war, oder ob ein Zusammenhang mit dem Urvan bestanden hatte, konnten wir leider nicht ermitteln. Immerhin aber fügte es eines Tages das Schicksal, dass mir *García* in der Fußgängerzone von *Puerto de la Cruz* begegnete. Ich grüßte höflich und fragte ihn im Vorbeischlendern, ob es denn schön gewesen sei. Er blieb mir leider jedwede Antwort schuldig. Dennoch schien er tief in seinem Inneren erkannt zu haben, dass er auf der Insel der unbegrenzten Unmöglichkeiten lebte!

Von TUI und Taxis

Nicht nur bezüglich unserer Autos mussten wir als Neuunternehmer auf Teneriffa sehr viel lernen. Nein, auch die Verhaltensweisen unserer Konkurrenten, und seien es nur diejenigen der Allerentferntesten, wollen mühevoll und unter manchen Kopfschmerzen ausgiebig studiert werden. Wer nicht Willens oder nicht in der Lage ist, sich dieser endlosen Kleinarbeit zu unterziehen, wird sehr schnell den Punkt erreichen, an welchem viele Aussteiger wieder aussteigen. Und genau das wollten wir ja auf gar keinen Fall!

Wenn ich ein Geschäft betreibe, dann muss ich mich darauf einstellen, über kurz oder lang Konkurrenz zu bekommen. Dies ist überall in der freien Marktwirtschaft ein völlig normaler Vorgang. Natürlich auch auf Teneriffa. Und wenn ich mich gegen die Konkurrenten behaupten will, dann werde ich versuchen, mein Angebot, meine Leistung, qualitativ so zu steigern, dass ich meinen Mitstreitern die Stirn bieten kann. Auch das ist in der freien Marktwirtschaft ein völlig normales Geschäftsgebaren. Nicht jedoch auf der Insel der unbegrenzten Unmöglichkeiten!

Die leidenschaftlich zelebrierte Abstinenz von jeglichem Leistungsdruck in engster Verquickung mit der kompromisslos gelebten Mañanamentalität verhindert jedweden normalen Wettbewerb. Verschlimmernd kommt noch hinzu, dass in einer atavistischen Gesellschaft wie der Kanarischen Wettbewerb erst seit wenigen Jahren real existent ist. Deshalb haben sich hier völlig eigenständige und ebenso eigentümliche Marktmechanismen entwickelt.

Wenn man jedoch der missliebigen Konkurrenz schon nicht durch Leistung entgegentreten will oder mangels einer qualifizierten Ausbildung auch gar nicht kann, dann bleibt eigentlich nur noch die gezielte Behinderung, sprich Verhinderung der Konkurrenz. Man verschwendet auf diese Weise permanent sehr viel Zeit damit, potentiellen oder auch nur vermeintlichen Mitbewerbern Knüppel zwischen die Beine zu werfen.

Nach diesem Prinzip arbeiten nicht nur die kleinen, aber in ihrer Gesamtheit übermächtigen Taxifahrer der Insel, sondern erstaunlicherweise selbst auch die deutschen Reiseveranstalter, angefangen von der TUI bis hin zu den kleineren Quellermännern. Wie deren Knüppel wirken, lernten wir gleich zu Beginn unserer Tätigkeit auf der Insel kennen. Auf der Suche nach Hotels, die es uns gestatteten, in ihren Konferenzräumen einmal wöchentlich einen fachlich anspruchsvollen naturkundlichen Diavortrag über Teneriffa zu halten, wurden wir fast überall mit dem Kommentar abgewiesen, dass die Damen und Herren der TUI oder anderer Veranstalter so etwas nicht gerne sehen würden.

Kaum zu glauben, aber wahr. Es dauerte denn auch ein Weilchen, bis wir die eigentlichen Hintergründe für dieses Verhaltensmuster erkennen konnten. Die Reiseveranstalter blockten uns ab, weil sie befürchteten, wir könnten ihnen einige Kunden ihrer eigenen Inselausflüge wegnehmen, obwohl dies völlig aus der Luft gegriffen war. Denn zu unserer Klientel zählten fast ausschließlich Menschen, die niemals an einem Inselausflug im Großraumbus teilgenommen hätten. Sie gehörten zu jenen zwei Prozent, die Wert legten auf absolute Exklusivität und überdurchschnittlich hohes Niveau. Und beides konnten ihnen TUI und Konsorten bei Gott und schon per definitionem nicht bieten.

Wir hätten ihnen mit unserem Angebot folgerichtig nicht einen einzigen Kunden wegschnappen können. Im Gegenteil: Es gab und gibt sehr viele Inselbesucher, denen das niveaulose Ausflugsangebot regelrecht zuwider ist. Größenordnungsmäßig handelt es sich dabei lediglich um etwa 50.000 Personen pro Jahr. Diese Menschen kehren deshalb häufig etwas enttäuscht aus dem Urlaub zurück, weil sie nicht das zu sehen bekommen haben, was sie sich daheim eigentlich vorgestellt hatten.

Und eben gerade dieser Personenkreis und niemand sonst war doch unsere Zielgruppe! Ich weiß, dass ganz viele unserer Gäste deshalb mehrmals wieder Teneriffa gebucht haben, weil sie durch uns die wirklichen Paradiese der Insel kennengelernt hatten. Also konnten TUI und Konsorten von uns doch eigentlich nur profitieren!

Nur leider war die Seilschaft der Reiseleiter nicht in der Lage, so weit zu denken. Sie lebten nun einmal von den Ausflugsprovisionen, und davon wollten sie natürlich keinen roten Heller verlieren. Ihr Horizont war ähnlich eng bemessen wie derjenige im Krater von Las Cañadas, so dass für einen fairen Wettbewerb nach oben hin kein Spielraum bestand. Also blieb ihnen zwangsläufig nichts anderes als die Verhinderungstaktik.

Diese wiederum passte den meisten Hoteldirektoren genau ins Konzept, denn auch sie waren mehrheitlich zu keinen intellektuellen Eskapaden in der Lage. Sie vermochten es sich nicht vorzustellen, dass ein anspruchsvoller Diavortrag in ihrem Hause dazu beitragen könnte, die animationsprogrammgeschädigten Hotelgäste wenigstens etwas zu entschädigen für die Plattitüden, die ihnen allabendlich von der hauseigenen Unterhaltungstruppe aufoktroyiert wurden.

Die kurzsichtige Triebfeder dieser Hotelgewaltigen war ihre Milchmädchenrechnung, dass wir zwischen 20 und 21 Uhr etwa 20 bis 30 Hotelgäste daran hindern würden, sich an der Hotelbar einige Drinks hinter die Binde zu kippen! Deshalb machten mehrere Direktoren ihr Einverständnis davon abhängig, dass während des Vortrags eilfertige Kellner und die mit ihrer Tätigkeit verbundene Geräuschkulisse unsere Vorträge auf untragbare Weise störten. Das galt in ganz besonderem Maße für das *Gran Hotel Atalaya* und für das mit fünf Sternen ausgestattete *Semíramis*. Am schlimmsten ist mir der damalige Direktor des stinkvornehmen Fünf-Sterne-Hotels *Botánico*, ein gewisser *Figueroa*, in Erinnerung geblieben. Er sagte mir doch glatt, dass er zunächst bei der TUI die Genehmigung für einen Diaabend einholen müsse! Ich tat zum Schein verständnisvoll, damit er nicht bemerken konnte, dass ich ihn für einen erbärmlichen Popanz hielt, denn in seinem Hotel wimmelte es nur so von Gästen, die unseren Vortrag besuchen und auch eine Exkursion buchen würden.

Nach zwei Jahren hatte Figueroa dann tatsächlich die angebliche Erlaubnis der TUI, weil ich ihm mit meinem Telefonterror irgendwann wohl doch auf die Nerven gegangen war. Aber schon nach zwei Monaten warf er uns achtkantig hinaus, weil sich seine Gäste angeblich über unsere Leistungen beschwert hatten. So wurde er uns auf elegante Art dauerhaft los.

Auf diese Weise ergab es sich nach einer ersten Anlaufphase, dass sich inselweit nur zwei Hotels herausschälten, in denen wir auf Dauer unsere Vorträge halten konnten, weil hier keine Verhinderer an der Spitze standen, sondern Männer mit Verstand. Der eine von ihnen war Hermann Kellner, der bis zu seiner Pensionierung das Hotel *La Chiripa Garden* im Taoropark von *Puerto de la Cruz* leitete. Besonders ihm haben wir sehr viel zu verdanken. Ohne seine schützende Hand wären wir auf dieser Insel mit Sicherheit gescheitert. Der andere war *Don Julio* im Hotel *Santiago* in *Los Gigantes*. Auch er war der Meinung, dass unsere Vorträge alles andere als schädlich für den Ruf seines Hotels seien. Zu unserem großen Glück schlossen sich seine Nachfolger ebenso dieser Ansicht an.

Unsere Vorträge entwickelten sich in diesen beiden Hotels im Lauf der Jahre zu echten Institutionen, so dass wir hier zumindest unseren damals äußerst bescheidenen Lebensunterhalt bestreiten konnten. Wir mussten dabei stets einplanen, dass unser Angebot nur von Oktober bis Ende April gefragt war. Im

Sommerhalbjahr kamen völlig anders strukturierte Gäste, deren Interesse einzig und allein das Strandleben war.

Trotz allem schlug das Kartell der Verhinderer eines Abends ausgerechnet im Hotel *Chiripa* gnadenlos zu. Neben unserem Werbeplakat stand plötzlich ein Zweites, welches inhaltlich genau den gleichen Diavortrag anpries, gehalten von Helmut Spätauf. Der einzige Unterschied zu unserer Ankündigung bestand darin, dass er sich nicht, wie wir, als kompetenten Fachmann vorstellte, sondern ganz bescheiden als 'einen österreichischen Wanderführer'. Deshalb war bei ihm der Eintritt auch glatt 50 Peseten billiger als bei uns.

Natürlich bot Helmut, ebenso wie wir, geführte Wanderungen an, für die er mit seinen Diavorträgen die Werbetrommel rührte. Das war uns mehr oder weniger gleichgültig, da sich im *Chiripa* ohnehin nur ganz vereinzelt Leute zu einer Wandertour meldeten. Aber nicht egal konnte uns die Tatsache sein, dass sich von Stund an nicht ein einziger Zuschauer mehr zu unserem Diavortrag einfand. Sie gingen alle zum Vortrag eines österreichischen Wanderführers! Was oder wer wohl dahinterstecken mochte?

Den richtigen Verdacht hatten wir eigentlich sofort, obwohl wir bis heute keine Beweise besitzen. Ich besaß diesbezüglich auch keinerlei Ambitionen, weil der Fall für mich ohnehin klar war. Es kam nach menschlichem Ermessen niemand anders in Frage als Hermann Ofensetzer, der hyperblonde Oberreiseleiter der Firma LTI, um welchen ich all die Jahre aus diversen Gründen stets einen großen Bogen gemacht habe. Der wichtigste ist der, dass er in *La Romantica II* zu Hause war.

Mein Verdacht begründet sich im Wesentlichen auf drei Tatsachen: Ofensetzer ist, wie Helmut Spätauf, Österreicher. Außerdem hatte Spätauf schon im Süden Wanderungen für die Gäste von LTI veranstaltet. Allerdings war er dort noch nicht selbständig, sondern Angestellter des mit LTI verbandelten lokalen Wanderveranstalters namens Timah. Und zu allem Überfluss hatte Ofensetzer die weittragende Aufgabe, die überwiegende Mehrheit aller Chiripagäste - dieses Hotel gehörte der LTI – am nächsten Morgen nach deren Ankunft bei einem Begrüßungscocktail um sich zu scharen, um ihnen haarklein vorzukauen, was sie hier auf der Insel zu tun und zu lassen haben. Er wird bei diesem Anlass, ich möchte wetten, ganz massiv und furchtbar eindringlich vor dem Diavortrag von Dr. Moll gewarnt haben, weil es sich bei dieser Person angeblich um einen der größten Scharlatane auf ganz Teneriffa handelte. Seinen Landsmann Helmut dagegen stellte er als denjenigen vor, dessen astreine Dienste jeder Gast unbedingt in Anspruch zu nehmen habe.

Ich ordnete diesen unangenehmen Zeitgenossen intern in dieselbe Rubrik ein wie Antje Kiens, die Oberreiseleiterin von Kreutzer Touristik in *Puerto de la Cruz*. Mir hatten mehrmals Exkursionsteilnehmer berichtet, dass diese Dame unsere Arbeit mit ähnlichen Verleumdungen erfolglos zu verhindern suchte. Doch Ofensetzer und Spätauf waren vom Start weg sehr erfolgreich. Wir mussten in diesem Fall also unbedingt etwas unternehmen. Was man in Deutschland vielleicht durch eine Verleumdungsklage erreicht hätte, das bewirkten hier auf Teneriffa zwei sorgfältig durchdachte Schachzüge, mit welchen wir die beiden Herren matt setzten. Herr Kellner, der Direktor des *Chiripa Garden*, unterstützte uns dabei, indem er uns terminlich freie Hand bei der Belegung des Fernsehraums ließ.

Wir wussten vom Rezeptionschef, dass die LTI-Gästeankünfte ausschließlich donnerstags erfolgten. Deshalb veranstaltete Ofensetzer seinen Cocktail stets am Freitag. Also brauchten wir unseren Diavortrag logischerweise nur von Mittwochabend auf Donnerstagabend zu verlegen, um dem mutmaßlichen Verleumder die Tour gründlich zu vermasseln. Bevor er Gelegenheit bekam, seine Gäste am Freitagmorgen gegen uns zu impfen, hatten wir vorab am Donnerstagabend schon längst Kasse gemacht!

Ab sofort hatten wir wieder ein proppenvolles Haus und Spätauf, der erst am Dienstag an der Reihe war, das Nachsehen. Aber immerhin kamen dennoch einige Zuschauer zu seinem per Tonband gehaltenen 'Vortrag'. Dieses passte mir nun ganz und gar nicht in mein Konzept, denn ich wollte ihn dahin bringen, dass er im *Chiripa Garden* mangels Kundschaft ganz aufgeben musste. Ich war auf gar keinen Fall gewillt, ihm von meinen Pfründen auch nur ein Bisschen zu überlassen.

Mit einem weiteren Kunstgriff hatte ich ihn kurze Zeit später so weit. Ich überlegte mir nämlich, was das für Leute waren, die zu seinem Vortrag gingen. Es handelte sich ganz offensichtlich um jene wenigen Hotelgäste, die nicht am Donnerstag angereist waren.

Da wir unser Werbeplakat erst am Mittwochabend aufstellten, hatten sie schon längst tags zuvor bei Spätauf teilgenommen. Und zwei Mal gehen die meisten Leute leider nicht zum Vortrag. Ab sofort prangte nun unsere Werbung die ganze Woche unübersehbar vor dem Eingang zum Speisesaal, und zwar so, dass die Gäste fast darüber stolpern mussten. Zusätzlich verkündete eine in signalrot gehaltene 'Bauchbinde' jetzt stolz: „Schon seit sieben Jahren der große Erfolg im Chiripa!" Jeden Abend kurz vor 18 Uhr überprüfte ich penibel, ob unser Plakat noch an seinem Platz stand. Dann nämlich begaben sich die Hotelgäste in hellen Scharen zum Speisesaal!

Offensichtlich war jetzt bei Helmut Spätauf die Pesete gefallen. Er schien gemerkt zu haben, dass sein Misserfolg irgendwie mit diesem verflixten Donnerstag zusammenhing. Der Wanderführer fragte mich nämlich allen Ernstes mit der naivsten Miene, die ihm zu Gebote stand, ob ich eventuell mit ihm den Vortragstermin tauschen könne. Am Dienstag stünden bei ihm so viele Verpflichtungen an, dass für ihn der Donnerstag sehr viel günstiger wäre. Spätestens jetzt, da ich grinsend ablehnte, wird er gemerkt haben, dass sein geschäftliches Missgeschick keineswegs eine Fügung des Zufalls war. Die Insel der unbegrenzten Unmöglichkeiten hatte wieder einmal ihren Tribut gefordert. Aber in diesem Fall ausnahmsweise einmal nicht von uns.

Einen ebenfalls sehr bemerkenswerten Auftritt im Kartell der Verhinderer verschaffte sich der Inhaber der Alpinschule Innsbruck. Herr Gasser war damals schon seit Jahrzehnten der Wanderpapst von TUIs

Gnaden schlechthin. Niemand in ganz Europa, der bei TUI einen pauschalen Wanderurlaub bucht, kommt an Gassers ASI, wie sich das Unternehmen in abgekürzter Version nennt, vorbei. Ganz gleich, wo gewandert wird, ob auf den Kanaren, Madeira oder Mallorca, auf Sizilien, Kreta oder Zypern: Überall begegnet man den Mammutgruppen von Gassers ASI.

Eines schönen Tages begegnete mir der Allmächtige tatsächlich höchstpersönlich. Irene und ich hatten damals gerade damit begonnen, neben unseren Minibusexkursionen als Zusatzgeschäft geführte Wanderungen anzubieten. Außerdem war geplant, in Kürze eine Wanderkarte für Teneriffa zu produzieren und zu veröffentlichen, deren Routen zur Sicherheit des Benutzers mit grünen Punkten im Gelände markiert sein sollten. Diese Arbeiten hatten wir zum fraglichen Zeitpunkt bereits ausgeführt. Wir waren so eifrig zur Sache gegangen, dass selbst unser Hund, der uns auf allen Wanderungen begleitete, grüne Farbflecken abbekommen hatte.

Während eines Diavortrags im *Park Club Europe*, dem damaligen Stammquartier der ASI-Wanderer, musste ich wohl mit großem Unbedacht etwas davon verraten haben, nicht ahnend, dass der zuständige ASI-Wanderführer inkognito als Zuhörer im Raume saß. Dieser hatte natürlich nichts Eiligeres zu tun, als den unerhörten Vorgang nach Innsbruck zu melden. Und es dauerte nicht lange, bis der große Meister persönlich eingriff, denn immerhin hatten wir als Davids den Goliath herausgefordert. Eigentlich konnten wir sogar stolz auf diese völlig unerwartete Resonanz sein.

Ich war gerade damit beschäftigt, Irene beim Aufbau des Diaprojektors zu helfen, als Gasser mit seinem Tiroler Wanderburschen auftauchte. Er stellte sich und seinen Fußlanger betont höflich vor und fragte, ob er mich auf einen Drink einladen dürfe. Er habe etwas mit mir zu besprechen. Ahnungslos ging ich mit den beiden hinunter an die Bar.

Kaum hatte der Kellner mein Erdinger Weißbier gebracht, rückte Gasser mit der Sprache heraus. Schon bei der ersten schneidenden Frage wusste ich, worauf er hinauswollte. „Für wen arbeiten sie?" Bevor ich etwas erwidern konnte, setzte er sein Verhör fort. „Stammen die unsachgemäßen Geländemarkierungen von ihnen," wollte er als nächstes in barschem Ton wissen. Als ich diese Frage künstlich gelangweilt bejahte, sah der Wanderpapst rot. Er wagte es glatt, mir in Gegenwart seines Wanderführers zu drohen. Seine abschließenden Worte klingen noch heute in mir nach: „Wir werden ihre die Umwelt verschandelnden Schmierereien beseitigen. Und wenn sie es wagen sollten, neue Farbmarkierungen anzubringen, zeige ich sie bei der Naturschutzbehörde an! Ich sage das hier nicht aus Konkurrenzgründen, sondern als engagierter Naturschützer."

Von nun an führte sein Fußlanger auf jeder Wanderung einen Geologenhammer mit sich, ebenso wie ich. Während ich dieses Utensil jedoch dazu benutzte, meinen Mitwanderern einige Dinge in der Natur Teneriffas beizubringen, zeigte er seinen Begleitern, wie man grüne Farbe von Felsen abschlägt. Gasser fühlte sich von mir offenbar ernsthaft in seiner Existenz bedroht, denn warum sonst konnte er es sich nicht verkneifen, mir auch noch einen Drohbrief zum Thema 'Markierungen' zu schreiben. Dabei hätte es von meiner Seite aus nur eines einzigen Behördenganges bedurft, um ihn völlig aus der Bahn zu werfen. Damals war es nämlich so, dass Österreicher, sofern sie einer geregelten Arbeit nachgehen wollten, auf dieser spanischen Insel nichts, aber auch gar nichts verloren hatten. Und was wäre ein Gasser hier schon ohne seine Fußlanger? Zumindest kein Wanderpapst von TUIs Gnaden.

Wie ernst uns dieser Mann damals genommen hatte, zeigte sich noch angelegentlich eines anderen Details. Ich bekam irgendwann später zufällig einen Werbeprospekt der ASI in die Hand. Abgesehen von dem völlig überspannten Inhalt dieses Pamphlets fiel mir auf, dass Gasser sich plötzlich mit dem Titel 'Professor' schmückte. Sollte das eine Antwort auf 'Dr. Moll's Wanderkarte Teneriffa' sein? Ich denke, es war ein Fehlversuch, denn in Deutschland wissen die meisten Menschen, dass sich in Österreich selbst jeder Grundschullehrer mit diesem Titel schmücken darf. Unsere Wanderkarte ist trotz der Verhinderungskampagne noch heute ein Bombenerfolg.

Aber wie eintönig wäre das Kartell der Verhinderer, wenn da nicht auch noch die kanarischen Taxifahrer ein Wörtchen mitreden würden. Sie nämlich sind das berühmte Tüpfelchen auf dem i von Teneriffa, denn sie sind es, die alles kontrollieren, was da kreucht und fleucht auf den Straßen dieser Insel.

Ich habe bereits an anderer Stelle auf die immense Wichtigkeit der diversen Transportplaketten hingewiesen, die man als *Transportista* in Spanien unbedingt benötigt. Wer, wie wir, von dieser speziellen Wissenschaft keinen Schimmer hat, erlebt unausweichlich sein blaues Wunder, denn die Taxifahrer räumen jeden illegalen Konkurrenten mit äußerster Sorgfalt aus dem Weg. Da das Auge des Gesetzes nur dann eingreift, wenn eine Anzeige, eine *Denuncia*, vorliegt, konnten wir die Verhaltensweise der *Taxistas* im Grunde genommen sogar verstehen.

Bei uns begann alles damit, dass wir zu Anfang unserer Exkursionstätigkeit unsere Fahrgäste völlig arglos und nichtsahnend vor Ihren Hotels abholten und nach Beendigung der Fahrt auch wieder dort absetzten. Da sich vor den größeren Hotels in aller Regel ein Taxistand befindet, wurden wir von den *Señores Taxistas* natürlich von Anfang an unbemerkt observiert. Sie notierten sich unsere Autonummer und vor allen Dingen den Fahrzeugtyp mit allen Details und meldeten unsere Verfehlungen täglich an alle Kollegen weiter. Auf diese Weise war unser silbergrauer Nissan Urvan bei den Taxifahrern binnen kürzester Zeit bekannt wie ein bunter Hund.

Eines schönen Tages wollte ich unsere Fahrgäste wieder einmal vor dem Hotel Maritim in *Los Realejos* absetzen. Kaum hatte ich dort angehalten, stand auch schon ein wütender Taxifahrer neben meinem Auto. Er brüllte mir in gebrochenem Deutsch einige üble Drohungen ins Gesicht und beendete seine Tirade mit der förmlichen Ankündigung, dass er und seine Kollegen beim nächsten Mal die Polizei alarmieren würden. Mit seinem langen, buschigen Vollbart und seinem zornigen Gesicht kam er mir vor wie Iwan der Schreckliche. Zu Hause erstattete ich Irene Bericht, und wir überlegten uns natürlich sofort, was wir nun unternehmen sollten. Weil wir von der Plakettenwissenschaft überhaupt nichts ahnen konnten, waren wir einhellig der Meinung, nichts Unrechtes getan zu haben. Zum Glück entschieden wir uns aber trotzdem für eine Deeskalation der Situation. Wir beschlossen folgerichtig, unsere Fahrgäste künftig so abzuholen und wieder abzusetzen, dass die Taxifahrer nichts davon mitbekommen konnten.

Das war allerdings viel leichter gesagt als getan! Als Erstes machten wir uns an die delikate Aufgabe heran, die innere Struktur des Taxiwesens auszukundschaften, um eventuell vorhandene Schwachstellen aufzuspüren, die uns bei der Anwendung von noch zu erarbeitenden Verschleierungstaktiken unterstützten. Unsere erste Feststellung war die, dass *Taxista* nicht gleich *Taxista* ist. Jede Gemeinde mit eigenem Rathaus - man bezeichnet diese hier als *Villa* - besitzt nämlich zugleich auch einen eigenen Taxibezirk, welcher an der Gemarkungsgrenze endet. Will ein Fahrgast diese Grenze per Taxi überschreiten, so ist dies selbstverständlich möglich. Aber wehe dem *Taxista*, der seinen Fahrgast auf fremdem Territorium absetzt und sich anschließend erdreistet, eben dort einen neuen Fahrgast aufzunehmen! Er würde von seinen Kollegen gnadenlos gejagt und in die Zange genommen werden.

Daraus folgerten wir, dass uns zum damaligen Zeitpunkt nur in *Los Realejos* Gefahr drohte. Denn auf dieser Gemarkung befand sich das Hotel Maritim nun einmal. Die Taxifahrer des genau hier angrenzenden *Puerto de la Cruz* hatten uns offenbar aus diesem

Grund noch nicht bei unserer Arbeit beobachtet. Umgekehrt hatten wir nichts zu befürchten, wenn wir in *Los Realejos* Gäste abholten und just in diesem Augenblick ein Taxi aus *Puerto de la Cruz* vorbeikam. Zum Glück tragen alle Taxis auf beiden vorderen Türen groß das Wappen ihres *Ayuntamiento* genannten Rathauses, so dass man ihre Herkunft leicht erkennen kann.

Da wir nicht nur im *Orotavatal,* sondern auch in *Los Gigantes* sowie in *Playa de las Américas* und *Los Cristianos* tätig waren, hatten wir es mit insgesamt fünf Taxibezirken zu tun. Wir gaben uns von Stund an in jedem von ihnen äußerste Mühe, bloß nicht entdeckt zu werden. Besonders schwierig war es natürlich am Hotel Maritim, wo man bereits ein Auge auf uns geworfen hatte. Und da sich ja der Taxistand direkt vor dem Hoteleingang befand, konnten wir unsere Gäste unmöglich hier abholen und wieder abliefern. Andererseits machten wir im Maritim anfangs besonders gute Umsätze, auf die wir keinesfalls verzichten konnten und wollten. Unser Dilemma war also groß.

Hier inspizierte ich deshalb sowohl das Umfeld, als auch die Einsatzpläne der Taxis sehr sorgfältig. Ich konnte ermitteln, dass der Taxistand ab 23 Uhr unbesetzt war. Erst morgens gegen 8 Uhr trudelten die ersten *Taxistas* wieder ein. Außerdem ist die Straße am Hoteleingang eine Sackgasse, die eine sanfte Linkskurve beschreibt, bevor sie auf einem Parkplatz endet. Diese Verhältnisse nutzten wir generalstabsmäßig aus. Wenn wir Gäste vom Maritim abholen mussten, brachten wir in der Nacht zuvor unseren den

Taxifahrern unbekannten Pkw auf den Parkplatz am Ende der Sackgasse. Morgens setzte ich Irene unbemerkt in der Nähe des Maritims ab. Sie war den *Taxistas* ebenfalls unbekannt und lief deshalb seelenruhig an deren Stand vorbei zu ihrem hinter der Kurve stehenden und deshalb den neugierigen Blicken der Taxifahrer unzugänglichen Auto.

Dorthin spazierten auch unsere Gäste, die wir zuvor über die Taximisere aufgeklärt hatten. Anschließend konnte Irene mit ihrem voll besetzten Wagen frohen Mutes an den wartenden Taxis vorbeifahren. Für die aufmerksamen Chauffeure war unser Mitsubishi heute nicht hereingekommen. Also wohnten die Insassen ganz offensichtlich in dem Hochhaus am Parkplatz. *No problema!*

Anschließend trafen wir uns im früh morgens absolut taxifreien Wohngebiet von *La Tropicana* und ließen die Leute in unseren dort wartenden Bus umsteigen. Die restlichen freien Plätze hatte ich zuvor am Hotel *La Chiripa Garden* besetzt, wo ich stets in einer kleinen Nebenstraße parkte. Meine Gäste mussten die paar Schritte zu Fuß gehen.

Abends bei der Rückkehr waren wir am Maritim etwas dreister, weil unser Risiko in diesem Moment sehr viel kleiner war als morgens. Falls man uns wider Erwarten beim Absetzen der Fahrgäste erwischen sollte, hatten wir schon längst vorher im fahrenden Wagen abkassiert. Man konnte uns somit das Geschäft an diesem Tag nicht mehr verderben.

Die geeignete Absetzstelle befand sich schräg gegenüber der Hoteleinfahrt des Maritims, jenseits der hier vorbeiführenden Hauptstraße. Dort befand sich die

Ausfahrt eines weiter oben gelegenen Sportgeländes. Diese Einmündung war vom Taxistand des Maritims aus gerade eben nicht mehr einsehbar. Außerdem war das Gelände durch eine drei Meter hohe Mauer von der Hauptstraße getrennt. Die einzige Schwierigkeit bestand für uns darin, absolut ungesehen hinter der vor neugierigen Taxistablicken schützenden Mauer in Deckung zu fahren.

Dieses Problem lösten wir wie echte Profis. Wir verließen kurz hinter *La Vera* die nach *Icod de los Vinos* führende *Autovía* und bogen in einen schmalen, abenteuerlich steilen Feldweg ein, der geradewegs auf das Maritim zuhält. Seine Verlängerung bildet auf den letzten 200 Metern eben jene Hauptstraße, die an unserer schützenden Mauer entlangführt.

Die beiderseits von Hauswänden flankierte Einmündung unseres Feldwegs ist gerade eben so breit wie ein Auto. Von dieser sichtgeschützten Warte aus konnten wir den Querverkehr so lange seelenruhig beobachten, bis wir mit Sicherheit kein Taxi vor oder hinter uns zu befürchten hatten. Und dann nichts wie mit Vollgas den restlichen Steilhang hinunter und, keiner hat es gesehen, schwungvoll hinter die rettende Mauer. Meistens klatschten unsere Gäste in diesem Moment frenetisch Beifall.

Unsere Taxispielchen funktionierten ziemlich genau drei Jahre lang fehlerfrei. Doch dann mussten die *Taxistas* in *Los Gigantes* wohl auf irgendeine Weise Wind bekommen haben, denn urplötzlich nahmen sie uns gnadenlos in die Zange. Wir hatten an jenem Tag so viele Wandergäste aus dem Hotel *Santiago*, dass wir zusätzlich zum Urvan unseren Pkw einsetzen mussten. Mit dem erheblich schnelleren Mitsubishi traf ich etwa zehn Minuten vor Irene am Hotel *Santiago* ein.

Ich hatte zwischenzeitlich bereits die Kundschaft um mich versammelt und hielt Ausschau nach Irene. Sie kam alsbald den Berg zum Hotel herunter, und hinter ihr klebte eine Schlange von mindestens 20 Taxis! Die Kerle hatten oben in den Bergen offensichtlich einen Posten stationiert, der das Herannahen des Urvans rechtzeitig per Funk gemeldet hatte.

Jetzt war guter Rat teuer, denn kaum hatte Irene angehalten, war ihr Wagen auch schon von den Taxis umzingelt. Die grimmig dreinblickenden Herren gaben uns zu verstehen, dass hier keine Leute abgeholt würden. Und als ich unsere Kunden trotzdem einsteigen ließ, stand der Dorfsheriff wie aus dem Boden gewachsen plötzlich vor mir. Während ich ihm erklärte, dass wir mit den Herrschaften eine Gratistour zu meiner Fotoausstellung in *Los Realejos* unternehmen wollten, musste er laut lachen und steckte sich dabei eine Zigarette an. Letztendlich lief die ganze Aktion darauf hinaus, dass der Polizist mich in Sachen Transportplakette aufklärte und mir klipp und klar sagte, dass ich ohne eine solche auch keine Gratisfahrten unternehmen dürfe. Ich solle deshalb in meinem eigenen Interesse umgehend eine *Tarjeta VD* in *Santa Cruz* beantragen.

Es war mit Sicherheit ein gut gemeinter Ratschlag. Wir mussten unterdessen aber trotzdem auch ohne Plakette weiterarbeiten, denn wir konnten es uns auf gar keinen Fall leisten, schon wieder monatelang ohne Einkommen dazustehen, zumal ab Mai sowieso keine Geschäfte mehr zu machen waren. Die wenigen Monate des Winterhalbjahrs mussten wir unbedingt voll nutzen. Nun galt es also auch in *Los Gigantes*, alle logistischen Register zu ziehen, um die aufgebrachten *Taxistas* ins Leere fahren zu lassen. Wir waren gezwungen, uns etwas einfallen zu lassen.

Dass diese Verhinderer uns das Leben wirklich schwer machen wollten, erkannten wir schon am darauffolgenden Morgen. Der größte Teil unserer Wanderer fand das Erlebnis mit den Taxifahrern äußerst amüsant. Sie fragten mich deshalb, ob ich denn keine Möglichkeit sähe, die Burschen morgen auszutricksen, denn schließlich wolle man doch unbedingt die schöne Wanderung in die berühmte Mascaschlucht erleben. Ich war heilfroh, dass man uns die Gelegenheit gab, unseren ganz erheblichen Verdienstausfall noch einmal wett zu machen, und schmiedete sogleich einen Plan.

Mir war klar, dass wir uns mit dem Urvan in *Los Gigantes* nicht mehr blicken lassen durften. Also kam momentan nur der öffentliche Bus in Frage. Ich gab einem Herrn der Gruppe meinen preiswerten Mehrfahrtenschein, welcher über genügend Kredit für die ganze Gruppe verfügte. Die Wanderer sollten am nächsten Morgen um 8:30 Uhr unter der Leitung des Fahrkarteninhabers mit der Linie 325 nach *Santiago del Teide* hinauffahren. Dort würde ich sie an der Kirche des Dorfes in Empfang nehmen.

Als wir *Santiago* erreichten, musste der Bus schon vor etwa zehn Minuten dort gewesen sein. Er war heute etwas schneller als üblich vorangekommen, während Irene und ich geringfügig verspätet eintrafen. Doch wir trauten unseren Augen nicht: Bei der Kirche, wo ich noch nie zuvor ein Taxi gesehen hatte, wimmelte es jetzt nur so! Gott sei Dank hatten wir nur den Mitsubishi dabei, den die *Taxistas* nicht kannten. Aber von unseren Leuten fehlte jede Spur.

Einer der Taxifahrer hatte tags zuvor offenbar beobachtet, dass ich jemandem aus der Wandergruppe meine Buskarte gegeben hatte, und jetzt wollten sie uns hier oben die Tour vermasseln. Da hatten sie die Rechnung allerdings ohne den Wirt gemacht. Unsere Wanderer hatten die Situation sofort erfasst und waren unmittelbar nach Verlassen des Busses zu Fuß in Richtung *Masca* weitergelaufen. Ich hielt natürlich gar nicht erst bei der Kirche, sondern fuhr so lange weiter, bis uns die nächste Kurve den Blicken der *Taxistas* entzog. Dort bog ich rechts in eine Seitenstraße ein. An der nächsten Ecke ging es noch einmal rechts ab, so dass wir die Mascastraße im Rücken der ahnungslosen Taxifahrer erreichten. Wir sahen sie sogar rechts von uns an der Ecke stehen, die Blicke in Richtung *Erjos* gerichtet, von wo sie unsere Ankunft nunmehr vergeblich erwarteten.

Zwei Minuten später hatten wir unsere Ausreißer erreicht. Es fehlten nur noch drei Kilometer bis Masca, und mit zwei Fuhren hatte ich die ganze Mannschaft am Ausgangspunkt der Wanderung. Zwei Männer saßen sogar im offenen Kofferraum, damit ich nicht noch ein drittes Mal fahren musste. Die Tour durch die *Mascaschlucht* endete tief unten am Meer, wo die Gruppe von einem Boot abgeholt wurde. Unser 'Unternehmen *Taxista*' war also doch noch erfolgreich verlaufen.

Gleich am nächsten Tag begann ich, die Taxiszene in und um Los Gigantes auszuspionieren, um uns zukünftig vor weiteren unangenehmen Überraschungen zu schützen. Man hatte ja schließlich schon einschlägige Erfahrungen in *Los Realejos* gesammelt. Ich machte zwei Beobachtungen, die uns enorm weiterhalfen. Vor 8 Uhr gibt es in *Los Gingantes* kein einziges Taxi, und vor 7:30 sind alle Zufahrtsstraßen nach *Los Gigantes* absolut taxifrei.

Von nun an begannen unsere Exkursionen und Wanderungen stets um acht statt um neun Uhr. Außerdem wartete der Urvan sicherheitshalber vor den Toren der Touristenstadt hinter einer drei Meter hohen Bananenmauer. Unsere Gäste wurden mit dem unauffälligen Mitsubishi portionsweise geleichtert. Merkwürdigerweise hat niemals jemand gegen diesen merkwürdigen Abholmodus protestiert. Irenes Diavorträge müssen die Menschen total von unserer Kompetenz überzeugt haben. Wir würden ja bald die *Tarjeta* besitzen, dachten wir damals noch, und dann hätten sich die Verhältnisse schlagartig geändert.

Nun, aus der Plakette wurde aber leider nichts. Zum Glück hatten wir zwischenzeitlich genügend Geld gespart, um uns einen neuen Minibus kaufen zu können. Wie anders hätten wir uns aus der Zwickmühle mit dem kuckucksbeladenen Urvan befreien können. Wir fanden ein sehr günstiges Sonderangebot und schlugen kurz entschlossen zu, und kurz darauf stand der funkelnagelneue Nissan Vanette vor der Tür.

Unser nächster Weg führte uns natürlich nach *Santa Cruz*, um endlich die so begehrte Plakette für den neuen Wagen zu beantragen. Als die Dame hinter dem Tresen jedoch unsere Fahrzeugpapiere aufmerksam begutachtete und ihren Kopf langsam und bedächtig schüttelte, wusste ich, dass wir nie eine Plakette bekommen würden. Für eine *Furgoneta mixta*, einen gemischten Lieferwagen, könne keine *Tarjeta* erteilt werden, meinte sie lakonisch.

Ich konnte nicht mehr anders, als Götz von Berlichingen lauthals zu zitieren. Jetzt hatte ich die Schnauze endgültig voll von diesem bürokratischen Affentheater. Wir waren gezwungen, auch zukünftig ohne Plakette illegal weiterzumachen, bloß mit dem ganz entscheidenden Unterschied, dass den neuen Wagen niemand kannte. Und wir sorgten dafür, dass ihn auch nie jemand kennenlernte, solange wir unsere Exkursionen und Wanderungen durchführten.

Sparsamkeit kommt vor dem Erfolg

Eines war unter den gegebenen Umständen sonnenklar: Solange wir zwar legal auf der Insel lebten und arbeiteten, gleichzeitig jedoch mangels einer Plakette an unserem Auto trotzdem verdeckt dem Broterwerb nachgehen mussten, konnten wir hier niemals gut verdienen. Öffentliche Werbekampagnen waren natürlich strikt tabu, so dass wir froh sein konnten, halbwegs ordentlich über die Runden zu kommen. Man lebte quasi von der Hand in den Mund. Dennoch fühlten wir uns auf unserer Insel pudelwohl. Zu dieser Ansicht gelange ich nicht etwa deshalb, weil ich heute einen verklärten Blick in die Vergangenheit zurückwerfe. Nein, da sind vordergründig zunächst die unbestreitbaren klimatischen Vorteile, welche vom Start weg für ein ganz erheblich positiveres Lebensgefühl sorgten. Und weil sich diese Wirkung auf fast alle Menschen gleichermaßen erstreckt, entsteht ganz von selbst ein angenehmes, sehr entspanntes zwischenmenschliches Ambiente. Hinzu kommt das schon eingehend beschriebene Laisserfaire der Einheimischen, welches jegliche Stresssituation wie selbstverständlich unterbindet. Und zu allem Überfluss färbt die dritte Dimension langsam aber sicher sogar auf die eigene Denkweise ab. Wir fühlten uns längst nicht mehr als deutsche *Cabezas cuadradas*!

Zusätzlich benötigt man natürlich auch auf der Insel ein wenig Kleingeld, um das Leben wirklich genießen zu können. Darüber besteht nicht der geringste Zweifel. Deshalb wurde ja auch alles erst so richtig schön, als es zusätzlich zum Brötchenverdienst gelang, sich hierzulande mit einem Bruchteil an Einkommen auf fast vergleichbarem Lebensstandard wie in Deutschland bewegen zu können. Von diesem Moment an war unser Glück fürs Erste vollkommen. Wir mussten allerdings zuvor erst einmal lernen, die vorhandenen Möglichkeiten unter dieser Zielsetzung richtig auszuschöpfen.

Einige kleine Beispiele mögen erläutern, worauf es speziell auf den Kanaren ankommt. Das meiste Geld, so sollten wir alsbald merken, verplempert man für seine Wohnung, wenn man als Neuankömmling noch vollkommen ohne Inselerfahrungen im unbekannten Immobiliendickicht herumtappt. Hier leistet man sich nicht nur als Mietwilliger so manchen Fehltritt, sondern auch oder erst recht als angehender Immobilienkäufer! Während nämlich ein Mieter seine Fehler durch einen Umzug beheben kann, bleibt diese Problemlösung einem Haus- oder Wohnungsbesitzer weitestgehend verwehrt.

Jeder europäische Neuankömmling aus Ländern nördlich des subtropischen Klimagürtels will unter allen Umständen die bestechenden klimatischen Vorzüge seiner neuen Heimat in vollen Zügen genießen, gleichzeitig aber nicht auf den gewohnten Komfort der eigenen vier Wände verzichten, zumal der

Immobilienerwerb hierzulande vergleichsweise preiswert ist. Und prompt wird mit deutscher Denke sofort bei der Ankunft etwas gekauft, und zwar unter dem Motto 'nichts geht ohne Meerblick total'.

Damit ist schon gewährleistet, dass sogar die klimatischen Vorzüge, zumindest an der Nordküste Teneriffas, unter Garantie nur partiell genutzt werden können, denn der Hauptwohnbereich ist so automatisch nach Nord bis Nordwest ausgerichtet. In den kühlen Wintermonaten steht also die wärmende Sonne erst ab nachmittags zur Verfügung. Das Mittagessen und erst recht das Frühstück im Freien auf der Terrasse fallen wider Erwarten wegen Kälte aus. Und wer keine wirksame Heizung eingebaut hat, muss in einem solchen Fall auch noch lernen, bei permanenten 17 °C Innentemperatur vier bis fünf Monate lang ausharren zu können.

Ein Gutteil des stimulierenden positiven Lebensgefühls bleibt auf diese Weise auf der Strecke, und man verliert vor Kälte zitternd auch die Antenne für das angenehme zwischenmenschliche Ambiente. Kommt nun noch die Unfähigkeit hinzu, das Laisser-faire der Eingeborenen zu seinem eigenen Vorteil zu nutzen, weil man sich seiner deutschen Denke wegen davon abgestoßen fühlt, dann ist die Chance schon vertan, sich auf Teneriffa wohl zu fühlen.

Umgekehrt: Wer diese beiden Hürden gemeistert hat und gleichzeitig über ein vergleichbares Einkommen wie in Deutschland verfügt, der hat es geschafft. Teneriffa ist dann bereits vom Start weg der siebte Himmel. Aber selbst wer nur auf spürbar weniger Geld als in der einstigen Heimat zurückgreifen kann, was bei

Noch-nicht-Rentnern meistens der Fall ist, besitzt dennoch beste Erfolgsaussichten. Voraussetzung dafür ist dann allerdings die konsequente Erkenntnis, dass eine ausgeklügelte Absenkung von fixen Kosten im Konzert mit den ohnehin weitaus geringeren Lebenshaltungskosten alle Einkommenseinbußen mehr als bloß zu kompensieren vermag.

Kurz ausgedrückt: Man muss sich eine Einstellung zu eigen machen ähnlich derjenigen, die einst die Gastarbeiter nach Deutschland mitbrachten, wenngleich natürlich die Zielsetzung eine andere ist. Während die Gastarbeiter sich Bescheidenheit bis hin zu einschneidenden Entbehrungen auferlegten, um bloß möglichst viel Geld für eine spätere Rückkehr in die Heimat anzusparen, zwingt sich der Neutinerfeño einzig und allein deshalb Sparsamkeit auf, um sich die ungleich höhere Lebensqualität auf der Insel dauerhaft sichern zu können. Grundvoraussetzung ist jedoch, dass sich als Folge der Kosteneinsparungen keine schmerzhaften Abstriche an seinem gewohnten Lebensstandard einstellen.

Zwar gehörten wir zur gefährdeten Gruppe der Noch-nicht-Rentner, aber immerhin hatten wir mit den immateriellen Hürden keinerlei Probleme, so dass insgesamt gesehen eben trotzdem berechtigte Hoffnung auf Erfolg bestand. Als sich abzeichnete, dass wir mit unseren Wanderungen und Exkursionen allein keinen echten finanziellen Durchbruch erzielen konnte, weil wir das Kartell der Verhinderer gegen uns hatten, verfielen wir zwangsläufig auf die Gastarbeitermethode und entwickelten für uns eine maßgeschneiderte Strategie.

Von da an ging es echt bergauf. Die größte Kostensenkung erzielten wir bei den monatlichen Wohnkosten, nachdem wir bei der Wohnungssuche zusätzlich zu unserem deutschen Anforderungsprofil fünf durch Teneriffaerfahrungen gewonnene Kriterien anwendeten. Unsere ideale Sparwohnung musste mindestens nach Westen, besser sogar noch nach Südwesten ausgerichtet und gleichzeitig unmöbliert sein. Zusätzlich war eine große Terrasse unverzichtbar. Außerdem durfte sie nur im Ausnahmefall einem Deutschen gehören, und direkte Nachbarn kamen auf gar keinen Fall in Frage. Letzteres Kriterium ist besonders wichtig, denn in einem Land, wo jeder tun und lassen kann, was er will, gibt es mit direkten Nachbarn natürlich Dauerstress. Und das wiederum kostet Nerven und verursacht permanente Umzugskosten.

Beginnen wir mit den deutschen Vermietern. Ich möchte jedoch der Fairness halber ausdrücklich einräumen, dass auch hier, wie überall, löbliche Ausnahmen die Regel bestätigen. Der idealtypische deutsche Vermieter auf Teneriffa ist im Vergleich zu seinem spanischen Kollegen zuforderst grenzenlos geldgeil und gleichzeitig knauserig. Er bringt seine Mietpreisphantastereien aus Deutschland mit und übersieht in seiner Raffgier völlig das gravierende Preisgefälle zwischen drüben und hüben. Und wenn er es ausnahmsweise doch sieht, dann bildet er sich ein, sein deutsches Haus in Spanien sei besser als ein spanisches Haus in Spanien, um seinen Mietwucher vor sich selbst zu rechtfertigen.

So kommt es immer wieder vor, dass ahnungslose Landsleute auf diesem Weg unter die Räuber geraten.

Sie zahlen in der Regel mindestens den doppelten Preis wie für ein vergleichbares oder sogar besseres spanisches Objekt. Die Folgen sind denn auch nicht zu übersehen: überdurchschnittlich häufiger Mieterwechsel und häufiges Leerstehen von überteuerten Wohnungen.

Zusätzlich zum Preisgefälle übersieht der idealtypische deutsche Vermieter oft auch noch gravierende Qualitätsmängel seiner überteuerten Objekte. Diese können so weit gehen, dass sie, befände man sich in Deutschland, sofort die Gesundheits- oder die Baupolizei auf den Plan riefen. Ich denke beispielsweise an klatschnasse Innenwände mit im trockenen Sommer notdürftig übertünchtem Pilzbefall, defekte oder unfachmännisch angebrachte Gasthermen, ungeerdete Stromleitungen selbst im Bad, chronisch verstopfte, weil ohne Gefälle und mit rechtwinkligen Knicken verlegte Abwasserrohre oder Treppenabgänge mit unterschiedlich hohen Stufen bei zusätzlich fehlendem Handlauf.

Ganz ähnliche Erfahrungen mussten leider auch wir einige Male machen, bevor wir unsere Lektionen endlich gelernt hatten. Es begann mit der Villa von Odette. Das Haus verfügte zwar nur über zwei Schlafzimmer, war aber dennoch sehr geräumig, und der kleine Garten ringsherum war ganz hübsch. Aber in Sockelhöhe fiel im Winter überall im Haus der Putz von den Wänden, das Mobiliar war museums-, die Dusche absolut schrottreif, und die beiden offenen Kamine zogen nicht. Ob das 2.000 Mark pro Monat wert war? Wir jedenfalls zogen nach elf Monaten aus, weil wir anderer Meinung waren.

Die Fortsetzung fand in einem muffigen Doppelhaus in der *Calle Geranios* statt, ebenfalls in *La Romantica II*. Besitzerin der lauschigen Villa war Frau Reis, eine absolut geldgeile Oma. Sie hatte anno dazumal als aufgeweckte Sekretärin ihren stinkreichen Chef erfolgreich geehelicht und war lange nach dessen Ableben, als über Achtzigjährige, noch immer ganz erpicht darauf, aus dessen Hinterlassenschaften alles für sich herauszupressen, was eben möglich war. Als ich zur Beerdigung meines Vaters den schwarzen Anzug aus dem Kleiderschrank nehmen wollte, waren Jackett, Hose und Ledergürtel schneeweiß: Schimmelpilze. Ähnliches war meinen schwarzen Lederschuhen widerfahren. Es blieb mir terminlich nichts anderes übrig, als der Bestattung meines Vaters in Bluejeans und Sandalen beizuwohnen.

Immerhin zahlten wir hier nur halb so viel Miete wie bei Odette. Unsere eigenen Möbel lagerten derweil in einer Garage, während wir uns im Sperrmüll der Vermieterin wohlfühlen mussten. Im Nachhinein können wir nur froh sein, dass es so war, denn in der Garage standen unsere Sachen wenigstens trocken!

Nach kaum einem weiteren Jahr halbierten wir unsere Miete noch einmal, indem wir beim damals größten Autovermieter der Insel ein schäbiges Loch von etwa 25 bis 30 Quadratmetern Grundfläche zum stolzen Preis von 500 Mark mieteten. Von riesigem Vorteil war jedoch die nach Süden und nach Westen offene Gartenterrasse mit Blick auf das tief unten tosende Meer. Das Innere der Behausung benutzten wir eigentlich nur zum Schlafen und zum Kochen, so dass alles im Rahmen des Erträglichen war.

Aber schließlich fanden wir dann doch noch das Richtige, und zwar in sicherer Entfernung von *La Romantica II*, in einem der noblen Wohnviertel der Insel, wo sich sogar ein ehemaliger Arbeitgeberpräsident aus Deutschland eingekauft hatte, wie wir aus zuverlässiger Quelle erfuhren. Alle Kriterien stimmten hier, bis auf eines: Der Vermieter war schon wieder ein Deutscher! Aber diesmal eben einer der anständigeren Sorte auf der Insel der Glückseligen.

Unsere Wohnung war exakt nach Westen ausgerichtet und verfügte über eine gemütliche, in einen ausgedehnten Garten übergehende Terrasse unter Palmen. Und da die Terrasse wegen ihrer günstigen Exposition zur Sonne fast täglich Wohnraumfunktionen unter freiem Himmel erfüllte, durfte die eigentliche Wohnung ruhig etwas kleiner und damit billiger sein. Eine weitere Ersparnis ergabt sich aus der Tatsache, dass unser Apartment unmöbliert war. Zum einen entfielen die monatlichen Kosten für einen Lagerraum, zum anderen war die Miete geringer, weil wir in unseren eigenen Möbeln und nicht im Sperrmüll eines Vermieters lebten.

Als weitere Sparmaßnahme von erheblicher Tragweite kam die Abstinenz von deutschen Dienstleistungen hinzu. Wir erkannten natürlich sehr bald, dass auch auf diesem Gebiet in den meisten Fällen deutsche Preisphantastereien unkritisch importiert wurden. So kostete beispielsweise die spanische Monteurstunde gerade einmal 30 Mark, während man bei den meisten deutschen Handwerkern glatt das Doppelte zu berappen hatte. Auch der deutsche Haarschnitt war natürlich doppelt so teuer wie der spanische, und beim deutschen Kneipenwirt kostete der *Osborne Brandy* ebenfalls erheblich mehr. Kein Wunder also, dass deutsche Geschäfte vielfach gähnend leer waren, während nebenan beim Spanier der Laden nur so brummte.

Auch deutsche Waren hatten ihre stolzen Preise, so dass man gut beraten war, auf diesem Sektor ebenfalls auf spanische Angebote zurückzugreifen, wenn es eben ging. Es mussten nicht unbedingt Birkel-Nudeln oder Bad Reichenhaller Salz sein, und auch die Waschmaschine von Otsein arbeitet keineswegs viel schlechter als die doppelt so teure von Siemens oder Miele.

Alles in allem konnte man auf diese Weise mit der Hälfte des Geldes wie in Deutschland seinen Unterhalt bestreiten. Noch günstiger wird dieses Verhältnis, wenn man bedenkt, dass die Jahressteuer für einen Kleinbus nur 100 Mark kostete, der Liter Diesel für weniger als 70 Pfennig, die Schachtel spanische Zigaretten für eine Mark und der Kubikmeter Wasser inklusive Abwassergebühren für 1,80 Mark zu haben waren. Für unseren Müll zahlten wir pro Jahr gerade einmal 30 Mark, und die Stromrechnung inklusive Warmwasserversorgung und Heizung belief sich trotz Wäschetrockner, Wasch- und Geschirrspülmaschine lediglich auf 65 Mark im Monat. Die Grundgebühr für den Telefonanschluss betrug nur 14 Mark, Rundfunkgebühren gab es erst gar nicht.

Wir hatten also trotz eingeschränkter Verdienstmöglichkeiten unser ordentliches Auskommen. Allerdings stand dieses zunächst leider auf sehr wackligen Füßen, weil wir das Kartell der Verhinderer im

Nacken hatten. Erwischten sie uns einmal richtig, konnte über Nacht fast alles zu Ende sein. Mit diesem Damoklesschwert mussten wir anfangs leben, denn ohne viel Kapital etwas anderes aus dem Vulkanboden zu stampfen, war fast unmöglich.

Eigentlich gab es ja auch wirklich nichts zu beklagen, denn trotz der geschilderten Umstände verdienten wir netto bestimmt nicht weniger als in Deutschland, aber das bei noch nicht einmal hälftigen Lebenshaltungskosten. Außerdem verspürten wir keinerlei Stress, denn wir hatten während der Wintersaison nur etwa drei bis vier Tage pro Woche mit Kundschaft zu arbeiten. Der Sommer dagegen war fast vollkommen frei. Und das Austricksen der Taxifahrer machte uns zu allem Überfluss auch noch riesigen Spaß

Der Duft kanarischer Küchen

Unsere Jahre auf Teneriffa kamen uns trotz der zahlreichen Schwierigkeiten wie ein Geschenk Gottes vor, und wir genossen jeden Tag. Genauso hatten wir uns unser neues Leben eigentlich vorgestellt. Es war die totale Inversion des deutschen Alltags: täglich angenehmes Wetter im gesündesten Klima der Welt, heitere Mitmenschen ohne Aggressivitäten und lange Gesichter, absolute Freiheit in einer kompromisslosen Laisser-faire-Gesellschaft mit unerschütterlicher Mañanamentalität, ein Land mit atemberaubenden Landschaften, frei und selbständig arbeiten in überwältigender Natur, statt als Weisungsempfänger die kostbare Lebenszeit sinnleer in einem muffigen Büro zu verbringen. Wir fühlten uns wie Götter im Paradies.

Das Einzige, was wir in den ersten Wochen auf Teneriffa schmerzlich vermissten, waren die herrlichen Feinschmeckerlokale, die wir in unserer badischen Wahlheimat so sehr schätzen und lieben gelernt hatten. Etwas ernsthaft Vergleichbares bieten ansonsten nur das benachbarte Elsass und die ebenso benachbarte Schweiz. So hatten wir die gastronomische Situation jedenfalls empfunden. Aber auch das übrige Deutschland braucht sich diesbezüglich natürlich nicht zu verstecken. Mit dem schmerzlichen Verlust solcher lukullischen Erlebnisse hatten wir uns bei unserem Weggang eigentlich abgefunden. Schließlich waren wir ja nicht ganz aus der Welt, denn Besuche in der alten Heimat waren selbstverständlich immer wieder möglich.

Es sollte jedoch nicht lange dauern, bis wir uns auf unserer Insel zu unserer freudigen Überraschung eines Besseren belehren lassen mussten. Zuerst erkundeten wir so gut wie sämtliche mit einem Pkw befahrbaren Pisten, welche die einsamen Gebirgslandschaften Teneriffas überziehen. Anders als in Deutschland darf man diese Forststraßen hier als Normalsterblicher befahren. Die interessantesten Teilstücke stellten wir für unsere Minibusexkursionen zu herrlichen Tagesrundfahrten zusammen.

Danach folgte eine Wintersaison mit ausgedehnten Bergwanderungen, um unsere geplante Wanderkarte Teneriffas vorzubereiten. An die sechzig Touren mussten absolviert werden, um über ein breitgefächertes Repertoire verfügen zu können. Anschließend führten wir auch Wanderungen für Touristen durch. Wir suchten unsere Routen stets so aus, dass wir im vierzehntägigen Rhythmus auf jeweils acht Tagestouren sämtliche Klima- und Landschaftszonen unserer schönen Insel vorstellten. Ein geographisches Studienprogramm unter freiem Himmel.

Besondere Freude bereitete Irene das Studium der wunderschönen endemischen Pflanzenwelt. Sie kaufte alles an Literatur, was sich auftreiben ließ. Und abends, nach der Rückkehr von einer Wanderung, saß sie häufig bis in die späte Nacht hinein am

Schreibtisch, um die 'Ausbeute' des Tages auszuwerten.

Allerdings brachte diese Art von Tätigkeiten eines unweigerlich mit sich: Man war abends so geschafft, dass die Lust, etwas Schönes zu kochen, einen Tiefpunkt erreicht hatte, obwohl wir eigentlich gerne etwas in der Küche brutzelten. Also hielt man unterwegs sehr häufig Ausschau nach einem *Restaurante*, wo man hoffentlich und vielleicht etwas Gutes vorgesetzt bekam. Unsere Suche war nicht immer ein Knüller, aber fast immer. Dies können wir guten Gewissens und ohne Wenn und Aber in dieser Form behaupten. Es tat sich eine wahrhaft lukullische Welt auf, mit der wir vorher niemals im Entferntesten gerechnet hatten. Wir lernten voller Erstaunen, dass Teneriffa ein einzigartiges Schlemmerparadies ist, welches keine Wünsche offenlässt – sofern man gut bürgerliche Kochkunst zu schätzen weiß. Natürlich gibt es auch so etwas wie Sterneküche auf der Insel, aber der absolute Renner sind die einfachen Lokale, denen man von außen nicht unbedingt ansieht, was drinnen auf den Tisch kommt!

Eines der bemerkenswertesten Restaurants der Insel lernten wir durch unseren Freund Jackie kennen, der uns auf einer unserer Erkundungsfahrten begleitet hatte. Gegen 13 Uhr wurde unser Mitfahrer plötzlich merklich unruhig. Er habe einen riesigen Hunger, und das Lokal, welches er uns zu zeigen gedachte, war noch ziemlich weit entfernt. Aber, und das war seine nicht zu umgehende Bedingung, wir mussten ohne Wenn und Aber vor 14 Uhr vor Ort sein! Natürlich dachten wir mal wieder deutsch, denn wir glaubten, die warme Küche sei danach geschlossen. Aber das war natürlich wieder einmal ein typischer Trugschluss, denn so etwas gibt es in dieser krassen Form auf Teneriffa nirgendwo.

Ab 14 Uhr sind die wirklich guten Kneipen auf Teneriffa nämlich hoffnungslos überfüllt. Sie werden zu diesem Zeitpunkt förmlich überrannt von der arbeitenden Bevölkerung, die dann mehrheitlich die verdiente Mittagspause genießt. Die Dauer dieses Genusses hängt unübersehbar von der Art der beruflichen Tätigkeit ab. Arbeiter und Handwerker machen nur eine relativ kurze Mittagspause von etwa einer Stunde Dauer, wobei es nicht unbedingt auf die eine oder andere Minute ankommt. *Oficinistas*, wie Büroangestellte bezeichnet werden, verfügen dagegen in aller Regel über ganze drei Stunden, die erst einmal sinnvoll verbracht werden wollen! Da kommt von Zeit zu Zeit ein ausführlicher Restaurantbesuch alles andere als ungelegen.

Wir erreichten den an die tausend Meter hoch gelegenen Ort *La Esperanza* gerade eben rechtzeitig vor 14 Uhr und parkten vor dem *Bodegón Campestre*. Schon beim Aussteigen nahmen wir den unverkennbaren Geruch eines Holzfeuers wahr, bemerkten jedoch sogleich, dass es sich um ein ganz besonderes Brennholz handeln musste, welches in der Küche des Restaurants einen überdimensionalen Grill auf Betriebstemperatur brachte. Das Lokal war fast völlig leer, als wir den sehr schlicht und einfach eingerichteten, aber ebenso urig, gemütlich und einladend wirkenden Innenraum betraten. Er war unterteilt in drei Gaststuben. Der Tresen befand sich im größten dieser

Räume, und dahinter befand sich die über eine Durchreiche einsehbare Küche. Mehrere emsig hin und her eilende Frauen mit an Turbane erinnernden Kopftüchern bedienten den enormen Holzkohlengrill im Zentrum der Küche. Andere beschäftigten sich mit der Zubereitung von Saucen und Salaten. Plötzlich ertönte das Gebimmel mehrerer kleiner Glöckchen, die an einer Kordel befestigt waren, welche ihrerseits an einem Körbchen befestigt war, das unter der Zimmerdecke hing. Einer der Kellner hatte das Glockengeläut veranstaltet und warf gleichzeitig eine halbe Hand voll Kleingeld in das Körbchen. Offenbar hatten die Gäste, welche gerade das Lokal verließen, ein nennenswertes Trinkgeld als Zeichen ihrer hohen Zufriedenheit zurückgelassen. Beim Hinausgehen hielten sie einem anderen Kellner hilfreich die Eingangstür auf, worauf dieser eine hoch mit Brennholz beladene Schubkarre quer durch das ganze Lokal bis hinter den Tresen chauffierte und anschließend mit dem Gefährt in der Küche verschwand. Jackie klärte uns mit Kennerblick auf, dass es sich um Eukalyptusholz handelte, mit welchem hier gegrillt wird. Das also war der Appetit machende Geruch, der uns bereits außen vor dem Lokal in die Nasen gestiegen war.

Der Kellner, der eben noch die Glocken geläutet hatte, kam jetzt auf uns zu. Nachdem er klargestellt hatte, um wieviel Personen es sich genau handelte, wies er uns einen Tisch in einer hinteren Ecke des großen Gastraums an, direkt neben einem Weinfass, aus welchem permanent der ein oder andere Tonkrug vollgezapft wurde. Die Tische des Lokals waren ganz offensichtlich aus dicken Eukalyptusbohlen selbst

zusammengebaut und mit einer strapazierfähigen Holzschutzlasur behandelt worden. Ebenso die Holzbänkchen und Hocker, die auf Metallgestellen ruhten. Als erstes nahm unser Kellner die Getränkebestellung auf. Da gab es nicht viel zu notieren, denn es galt schließlich nur, einen Literkrug aus dem neben uns stehenden Fass abzufüllen. Als die Gläser auf dem Tisch standen, hatte sich das Lokal bereits mächtig gefüllt. Es stand schon kein ganzer Tisch mehr zur Auswahl, und der Geräuschpegel hatte ein für Mitteleuropäer nahezu unerträgliches Maß erreicht. Die Gebärden und Bewegungen der dienstbaren Geister waren bereits in leichte Hektik übergegangen, was man normalerweise von den *Canarios* eher nicht gewohnt ist. Aber dennoch lief alles so gelassen ab, dass man sich als Gast immer noch sehr wohl fühlen konnte. Mitten in diesem Andrang bestellten wir unser Essen. Auf einer Tafel in der Ecke über der Küchentür stand auf einer handgeschriebenen Tafel, was man anderswo per Speisenkarte übermittelt bekommt. Es gab ausschließlich Fleischgerichte, angefangen von Bratwürsten über Hähnchen und Schweinesteaks bis hin zum feinsten Filetsteak vom Rind, alles zubereitet auf dem bereits bestaunten Eukalyptusholzgrill. Die Preise waren in Kilogramm angegeben. Sämtliche Beilagen betete der Kellner stakkatogleich mündlich herunter, denn es waren ja insgesamt nur drei: P*an, Papas arrugadas y Ensalada mixta.*
Wir bestellten arglos Filetsteak vom Rind und die drei Beilagen. Als erstes wurde das Brot in Form eines riesigen Brötchens serviert, zusammen mit einer unvergleichlich leckeren grünen Mojosauce, die auch zum

Fleisch gegessen wird. Der Koriandergeschmack des Brötchens im Zusammenklang mit dem *Mojo verde* war schon ein erster kulinarischer Höhepunkt! Und dann kam ein gemischter Salat vom Allerfeinsten, den man gemeinsam in einer Schale anmachte, aus der man anschließend auch gemeinsam aß. Nebenher beobachteten wir, was da so an den anderen Tischen verzehrt wurde.

Man mochte es kaum für möglich halten. Fast jeder Tisch bestellte als ersten Gang, quasi als kleine Nascherei vorweg, eine riesige Portion gegrillte Würste. Damit wäre jeder normal gebaute Mitteleuropäer mit an Sicherheit grenzender Wahrscheinlichkeit bereits an der Obergrenze seiner Kapazitäten angelangt. Aber nicht so die *Canarios*, welche im großen Durchschnitt schon rein von der Statur her einige erhebliche Vorteile vorweisen können. Nach den Würsten geht der Schmaus dann erst richtig los. Enorme Fleischrationen werden aufgefahren und restlos verzehrt, ganz gleich, ob es sich um gegrillte Hähnchen, Schweinesteaks oder Filetsteaks vom Kalb handelt.

Wir waren insgeheim sehr froh, dass wir nur drei Portionen Filetsteak bestellt hatten. Dennoch fragten wir uns allen Ernstes, wie wir die enormen Fleischrationen überhaupt bewältigen sollten. Immerhin hatten wir ja aus reiner Unkenntnis heraus vorab die köstlichen Brötchen mit jenem göttlichen *mojo verde* sowie eine enorme Portion an gemischtem Salat verzehrt. Nun ja, wir befanden uns damals noch im besten Alter, so dass wir alles aufessen konnten. Wenn auch mit größter Mühe. Die Frage des Kellners, ob es denn jetzt noch ein kleines Dessert sein dürfe, konnten wir jedoch nur in abgewandelter Form bejahen. Es war uns nach einem *Chupito*, einem Verdauungsschnäpschen, zumute, und wir bestellten einhellig drei Brandys von einer der zahlreichen spanischen Nobelmarken.

Carlos I und seine engste Verwandtschaft werden in vielen Bars und Gaststätten Teneriffas geradezu hingebungsvoll zelebriert. Der Schwenker von kuhglockenmäßiger Dimension wird vorab, bevor überhaupt etwas geschieht, zuerst einmal mit Wasserdampf sorgfältig erhitzt. Erst dann wird das kostbare Getränk ebenso rasch wie ergiebig eingeschenkt, und anschließend legt man unverzüglich eine Papierserviette über die Glasöffnung, damit bloß nichts von dem unvergleichlich kostbaren Bukett unkontrolliert ins Freie gelangen kann. Beim Abgang des ersten Schlucks hatte ich voller Hingabe nur einen einzigen Gedanken: „Leben wie Gott auf *Tenerife*!" Obwohl sich so gut wie gleichzeitig das schlechte Gewissen des Autofahrers zu melden begann. Allerdings sieht man dieses Problem auf der Insel der unbegrenzten Unmöglichkeiten nicht ganz so eng wie in Deutschland. Alles noch im grünen Bereich!

Der *Bodegón Campestre* ist natürlich nur ein, wenn auch prominentes, Beispiel für die weitgespannte Feinschmeckerlandschaft unserer Insel. Ähnlich gute, wenn auch nicht immer ganz so markante *Restaurantes* gibt es in allen bewohnten Teilen Teneriffas, von den Küstensäumen bis hinauf auf 1000 Meter Höhe. Man muss nur das ein oder andere Lokal an der Straße ausprobieren, um binnen kurzer Zeit eine ganz ansehnliche Favoritenliste zusammenzutragen. Ab und an ist es auch lohnenswert, sich unterwegs in einer Ortschaft zu erkundigen, wo es in der Nähe etwas Gutes zu essen gibt. Auf diese Weise entdeckten wir schließlich auch unser Lieblingsrestaurant, wenn es um Fischspezialitäten geht. Wer bisher nichts von frischem Fisch und Meeresfrüchten gehalten hat, kann sich hier womöglich bekehren lassen.

Wir waren auf Entdeckungsfahrt im Anagagebirge, dem an die 30 Kilometer lang gestreckten, aber nur fünf bis zehn Kilometer schmalen nordöstlichen Vorposten Teneriffas. Diese nur sehr dünn besiedelte Halbinsel ragt als einer der ältesten Teile Teneriffas um die 1000 Meter hoch extrem steil aus den Wogen des wild tosenden Atlantiks auf. Ein handtuchschmaler, rückenförmiger Grat, den die Einheimischen als *Dorsale* bezeichnen, teilt das stark zerklüftete Bergland ähnlich der Mittelgräte eines Fisches in zwei Hälften, die eine im Norden, die andere im Süden. Und genau auf diesem scharf begrenzten Rückgrat verläuft das einzige schmale und gewundene Sträßchen, welches *Las Mercedes* am belebteren westlichen Ende von *Anaga* mit dem einsamen kleinen Bergnest *Chamorga* im äußersten Nordosten verbindet. Von ihr führen lediglich zwei Stichstraßen zur nördlichen Küstenzone hinunter. Eine dritte Serpentinenstrecke verbindet die *Dorsale* mit der Südseite und der nahen Hauptstadt *Santa Cruz*.

Eine Fahrt über die *Dorsale* gehört landschaftlich zu den absoluten Höhepunkten, denn nirgendwo sonst auf Teneriffa ist die Klimascheide zwischen Nord- und Südseite der Insel auf einem so engen Raum zu beobachten und hautnah zu erfahren wie im

Anagagebirge. Die isolierte Lage dieses unvermittelt aus dem Ozean aufragenden Gebirgsklotzes führt dazu, dass die nahezu permanent wehenden Passatwinde völlig ungehindert auf die sich ihnen entgegenstemmende Nordseite der Landmasse treffen und bis zur Dorsalen aufsteigen. Auf der Südseite steigen die nebelfeuchten Luftmassen dagegen als Fallwinde abwärts, erwärmen sich auf diese Weise, und die Nebel lösen sich sehr schnell auf. Das schmale Sträßchen lehnt sich mal nördlich, mal südlich an den scharfen Gipfelgrat an und verläuft deshalb teilweise im dichten Nebel, aber abschnittsweise auch in strahlendem Sonnenschein.

Der Abwechslungsreichtum dieser Gebirgsstrecke ist jedoch nicht nur durch den permanenten Wechsel von Nebelschwaden und Sonnenschein charakterisiert. Hinzu kommen die unmittelbaren Auswirkungen dieser landschaftlichen Konstellation: Im Norden blicken wir durch Lücken im Nebelvorhang hinunter zur wild umtosten Felsenküste, die überall mit sattem Grün überwuchert und von kleinen Ackerterrassen mit Kartoffelanbau kunstvoll verziert ist, wohingegen sich die Südseite zwar weniger schroff, dafür aber äußerst karg mit charakteristischer, eher spärlicher Trockenvegetation präsentiert.

Wen wundert es, dass sich die Touristenbusse samt und sonders dem Norden zuwenden und dort der hübschen Küstensiedlung *Taganana* einen ihren Besuch abstatten. Diesem für uns unsympathischen Phänomen verdankten wir die Entdeckung unseres ganz besonderen Fischlokals, welches sich nämlich folgerichtig nur an der Südküste von *Anaga* befinden kann, und zwar in *San Andrés*, einem Fischerdorf vor den Toren der Inselhauptstadt. Der alte Fischerhafen ist leider schon lange verschwunden. Seinen Platz nimmt heutzutage der einzige hellgelbe Sandstrand Teneriffas ein, der hier in den 1970er Jahren künstlich aufgeschwemmt wurde. Der Hintergedanke war natürlich, hier eine gigantische Touristenmeile ins Leben zu rufen. Dagegen aber haben sich die Ortseinheimischen vehement und mit Erfolg zur Wehr gesetzt. Dennoch war der Saharasand nicht vergebens hierher transportiert worden, denn der Strand von *Las Teresítas* dient heute der Großstadtbevölkerung von *Santa Cruz* als beliebtes Naherholungsziel. Und auch die lokalen Fischer haben hier weiterhin ihr althergebrachtes Domizil. Ihre bunten Boote ankern unmittelbar am westlichen Ende des Strandes.

An der gesamten Meeresfront von *San Andrés* reiht sich somit geradezu zwangsläufig ein Fischlokal an das Andere. Als Fremder weiß man bei dieser Fülle gar nicht so recht, wo man denn nun einkehren soll. Es gab zwei wunderbare Restaurants, die sich schon rein äußerlich aus der breiten Masse hervorhoben: das *Restaurante El Rubi* und die *Marisquería Ramon*. Weiß gedeckte Tische, Stoffservietten und perfekt gekleidetes und ausgebildetes Personal waren die unübersehbaren Aushängeschilder. Selbstverständlich gab es hier alles frisch aus dem Meer, was der große Nordatlantik so zu bieten hat. Sogar Steinbutt, Austern oder Hummer waren nichts Außergewöhnliches. Und, auch das möchte ich erwähnen, das Preisgefüge war nicht unbedingt nur etwas für den größeren Geldbeutel.

Wann auch immer wir auf der Insel unterwegs waren, wir trugen so gut wie immer Räuberzivil. Deshalbstatteten wir diesen beiden vornehmeren Lokalen relativ selten einen Besuch ab, sozusagen bei besonderen Anlässen, wenngleich dies auch im Wanderdress mit Sicherheit möglich gewesen wäre, ohne sich in irgendeiner Weise deplatziert zu fühlen. Trotzdem war uns in Wanderstiefeln ein etwas einfacheres Ambiente willkommener. Deshalb fragten wir einen einheimisch wirkenden Passanten, wo man denn hier am Ort den besten Fisch zu essen bekäme. Da könne man jedes beliebige *Restaurante* wählen, meinte der Mann. Aber sein Lieblingslokal sei das *Los Pinchitos*, wo die *Señora Gloria* in der Küche steht. Da das kleine Lokal etwas schwierig zu finden sei, begleitete er uns gleich die paar Schritte dorthin.

Das *Los Pinchitos* liegt ein wenig hinter den Kulissen im alten Ortskern von *San Andrés*, weshalb sich nur selten ein Tourist hierher verirrt. Die Kneipe lebt denn auch ganz und gar von den Einheimischen, die hier sowohl mittags, als auch abends für regen Betrieb sorgen. Man tut gut daran, einen Tisch vorzubestellen, es sei denn, man kommt nicht gerade zu den Stoßzeiten gegen 14 Uhr oder nach 20 Uhr.

Die Wände des Lokals sind geschmückt mit allerlei Gegenständen aus alten Fischerbooten, und die Decke ziert, wie könnte es anders sein, ein kleines Fischernetz. Ganz hinten rechts führen ein paar Stufen zu einem Podest empor, wo sich vor der durch eine Verglasung abgetrennten Küche eine Kühltheke mit den frisch erhältlichen Fischen des Tages befindet. Mein erster Gang führte mich stets dort hinauf, um mir einen Überblick zu verschaffen, denn Vieles von dem, was da oben lag, stand nicht unbedingt auf der Speisenkarte! Hinter der Glasscheibe zauberte *Gloria* ein herrlich von ihr persönlich zubereitetes Essen nach dem anderen auf die vorgewärmten Teller, so dass mir schon hier das Wasser im Mund zusammenlief. Sie mochte damals so um die 35 sein. Als waschechte *Canaria* verfügte sie trotz ihres jugendlichen Alters bereits damals über die typisch kanarische Figur. Kurz gedrungen, kugelrund und ein dazu passender Donnerbusen. Nicht minder typisch war das permanente freundliche Lächeln auf ihrem Gesicht, welches sich nicht einmal durch den fast unerträglichen Küchenstress vertreiben ließ.

Ich machte mich durch ein kurzes Klopfzeichen bemerkbar und deutete auf die beiden Fische, die wir gerne essen würden. Sie nickte dann bloß verstehend und ging weiter unbeirrt ihrem hektischen Knochenjob nach. Der weitere Gang der Dinge lief dann automatisch ab.

Ich ging anschließend zurück an unseren Tisch. Irene erwartete dort schon neugierig und auch hungrig meinen Bericht. Den Wein hatte sie bereits beim Kellner bestellt. Er war figürlich das krasse Gegenteil seiner Chefin: spindeldürr mit ernstem Gesicht, über das nur selten ein kurzes Schmunzeln huschte. Er brachte eine der leckeren kleinen Vorspeisen vorbei, die in fast jedem Lokal auf der Insel dazugehören. Zumeist handelt es sich um Weißbrot oder Brötchen mit frisch zubereiteter Avocado-Knoblauch-Mayonnaise, eine Köstlichkeit, die den fruchtigen Geschmack des trockenen Teneriffa-Weißweins ins Unendliche steigern kann. Die Weißweine der Insel zählen für mich mit Abstand zu den besten der Welt, die fast alles andere weit in den Schatten stellen. Möglich wird dieses durch die landschaftliche Vielfalt der Insel. Das Klima variiert bezüglich Nord und Süd sowie mit der Höhenlage. Außerdem sind die Bodenverhältnisse auf diese Weise sehr unterschiedlich ausgeprägt, obwohl durchgängig vulkanisch und fruchtbar.

Üblicherweise bestellten wir noch einen kanarischen gemischten Salat aus Grünzeugs, Tomaten, Maiskörnern, Thunfisch und darüber gelegten Avocadoschnitzen, der als *Entrada* vorweg gegessen wird. Und hernach musste noch ein Teller himmlischer Fischsuppe auf den Tisch, bevor dann der eigentliche Fisch als Hauptgericht serviert wurde.

Unser Lieblingsfisch war mit großem Vorsprung der sogenannte *Cantarero*, der auf dem spanischen Festland *Gallina* (in Andalusien) oder *Cabracho* genannt wird. Auf Deutsch heißt er Großer Roter Drachenkopf (Scorpaena scrofa) oder auch Meersau. Es handelt sich um einen Bodenfisch des Mittelmeeres und des nordöstlichen Atlantiks. Er gehört zur Familie der Skorpionfische (Scorpaenidae) und ist mit äußerster Vorsicht zu hantieren, denn sowohl bei der Rückenflosse als auch bei der Afterflosse sind einige Strahlen zu Giftstacheln ausgebildet, die er bei Gefahr aufstellt. Das Gift kann auch für Menschen tödlich sein. Es ist natürlich ausdrücklich nicht seine Gefährlichkeit, die den *Cantarero* zu unserem Lieblingsfisch werden ließ! Es ist sein äußerst wohlschmeckendes, sehr festes Fleisch, welches besonders zur Geltung kommt, wenn der Fisch als Ganzes gedünstet wird.

Eigentlich ist Kochfisch nicht mein Ding, aber beim *Cantarero* mache ich liebend gerne eine Ausnahme!

Die Konsumgesellschaft verfolgt uns

Die Jahre auf Teneriffa flogen nur so dahin, und zwar wesentlich schneller, als ich es von Deutschland aus gewohnt war. Über die Ursachen dieses erstaunlichen Phänomens habe ich schon weiter oben in aller Ausführlichkeit nachgedacht. Aber es war nicht nur die Zeit, die dahinraste. Es war ebenso die rasante Geschwindigkeit, mit der Veränderungen des gesamten Lebensumfelds sich ausbreiteten und schließlich dazu führten, dass wir unsere Zukunft auf unserer Insel auf den Prüfstand stellten. Es kamen allmählich Zweifel auf, ob denn Teneriffa immer noch der Richtige Wohnort für uns war und weiterhin sein konnte.

Anfangs trafen wir abseits der Asphaltstraßen so gut wie nie eine Menschenseele. Man war total allein mit der überwältigenden Natur und der ihr eigenen Stille. Es gab damals weit und breit keinerlei technisch bedingte Störgeräusche, welche die Ehrfurcht gebietende Ruhe übertönt hätten. Manchmal, wenn wir unsere Schritte anhielten und lauschten, kam uns diese absolute Geräuschlosigkeit geradezu unheimlich vor. Selbst die dicht besiedelten unteren Bereiche der Insel waren damals weit entfernt von dem, was uns in Deutschland so abgestoßen hatte. Es gab nirgendwo Autoschlangen, und selbst auf der Autobahn fuhr man fast alleine. Wir fragten uns manchmal sogar, warum man diese eigentlich gebaut hatte. Die meisten der wenigen Autos waren echte Oldtimer, wie man sie in Deutschland allenfalls noch im Museum zu sehen bekam. Fast alle fuhren mit blitzblanken Reifen.

Auch das Einkaufsverhalten der Inselbewohner war damals weitestgehend noch so, wie wir es aus unserer Kindheit in Deutschland in Erinnerung hatten. Es gab fast keine anonymen Super- oder gar Hypermärkte, sondern die Versorgung der Bevölkerung wurde noch zum überwiegenden Teil von traditionellen Tante-Emma-Läden sichergestellt. Entsprechend bescheiden war natürlich auch das Angebot. Aber alles war sehr viel persönlicher, als in der modernen Massengesellschaft.

Doch leider hatte sich diesbezüglich in den letzten sechs bis acht Jahren sehr vieles zum Nachteil verändert. Ganz besonders gravierend war und ist beispielsweise die horrende Zunahme des Autoverkehrs, die man an den beiden Endbuchstaben der Kennzeichen präzise ablesen kann. In Spanien behält jedes Kraftfahrzeug die einmal erteilte Autonummer auch bei einem Besitzerwechsel oder bei einer Verlegung des Fahrzeugstandortes in eine andere spanische Provinz. Nach der Verschrottung wird die Nummer nicht für ein anderes Fahrzeug wiederverwendet.

Als wir für unseren neuen Bulli im Februar 1993 die Zulassung erhielten, waren seit Anfang Januar gerade eben die Endbuchstaben AW an der Reihe. Da die zugehörige Zahlenkombination stets nur vierstellig ist, können also genau 10.000 Fahrzeuge ein Kennzeichen mit gleicher Endbuchstabenkombination erhalten. Nach nur sechs Jahren waren wir bereits bei den Endbuchstaben BV! Daraus folgt, dass im fraglichen Zeitraum pro Jahr durchschnittlich 35.000 Neuzulassungen zu verzeichnen waren. In München betrug die Vergleichszahl damals gerade etwas mehr als 20.000 Einheiten, obwohl die Stadt 75 Prozent mehr Einwohner als Teneriffa besaß. Zwischenzeitlich ist der Kraftfahrzeugbestand, bezogen auf die Einwohnerzahl, auf Teneriffa sogar höher als in Deutschland. Während sich dort nämlich rund zwei Personen ein Auto teilen müssen, sind es auf der schönen Insel nur 1,7 Personen.

Entsprechend chaotisch sind inzwischen die Verkehrsverhältnisse auf der einst fast autofreien Insel geworden. Die Bevölkerungsdichte ist durchschnittlich um fast 50 Prozent höher als im dicht besiedelten Deutschland, der Autobestand ist ebenfalls erheblich höher als in Deutschland, aber die Trassenführungen der Straßen sind größtenteils älter als 70 Jahre.

Noch Mitte der 90er Jahre, als in der Einkaufsmeile von *La Longuera* plötzlich mittels blauer Farbe schräg zur Fahrtrichtung verlaufende Parkstreifen abgegrenzt wurden, haben wir uns köstlich über diesen Schildbürgerstreich amüsiert. Hatte man zuvor in Längsrichtung nie Parkplatzprobleme, so wusste man jetzt plötzlich vor lauter Parkraum gar nicht mehr, wo man seinen Wagen abstellen sollte.

Und wehe dem, der es vergaß, seine Parkscheibe einzustellen. Er bekam sofort einen Strafzettel über annähernd 200 Mark. Bei Bezahlung innerhalb von 15 Tagen erhielt man zehn oder 15 Prozent Rabatt. Doch es verging kaum ein Jahr, und man musste schon nach einem freien Parkplatz suchen. Heute fährt man häufig mehrere Male hin und her, bis man vielleicht endlich fündig wird.

Ich vermag nicht genau zu sagen, woher dieser plötzlich einsetzende Autoboom gekommen war. Eine der Ursachen war sicherlich die Vollmitgliedschaft des Archipels in der EU zum 1. Januar 1993. Aber dennoch kann dieses Ereignis nicht hinreichend erklären, warum plötzlich fast jeder *Canario* innerhalb von wenigen Jahren vom Esel auf das Auto umgestiegen ist. Etwas mehr Licht ins Dunkel bringt da schon ein Blick auf das kanarische Bankenwesen: Die Summe der Bankeinlagen lag damals deutlich unter derjenigen der vergebenen Kredite, was außerhalb einer Bananenrepublik alles andere als seriös ist. Aber Teneriffa ist ja ein bedeutender Bananenproduzent.

Wenn man bedenkt, dass die durchschnittlichen monatlichen Einkünfte pro Person auf Teneriffa bei rund 60.000 Peseten oder 706 Mark lagen, so konnte man sich zwei Dinge ausrechnen. Zum einen, dass fast alle Autos der Insel auf Pump fahren, zum andern, dass die meisten Kredite entweder länger laufen als die zugehörigen Autos oder aber vorzeitig platzen.

Für weitere einschneidende Eingriffe in die bis dato halbwegs intakte Natur Teneriffas sorgten die EU-Bürokraten in jedem Falle. Sie pumpten angesichts des hohen Kfz-Besatzes enorme Summen in den Straßenbau. Binnen weniger Jahre waren manche Gegenden der Insel fast über Nacht nicht mehr wiederzuerkennen. Zusätzliche Verschandelungen der kanarischen Landschaften schufen die Herren aus Brüssel durch die massive Bezuschussung von Plastikfolien, die zwischenzeitlich bereits weit über die Hälfte aller Bananen- und Tomatenpflanzungen zwecks Verdunstungsreduzierung überspannen.

Den plötzlichen Konsumrausch der *Canarios* heizte im Übrigen nicht nur die Automobilbranche auf. Auch drei französische Handelsgiganten betätigten sich seit dem vollen EU-Beitritt der Kanaren auf diesem Gebiet. Nacheinander entstanden vier Hyper-Einkaufszentren, die teilweise nach kürzester Zeit sogar ihre Parkplätze erweitern mussten: Alcampo, Continente und der Baumarktriese Leroy-Merlin. Aber auch IKEA war schon vorher angekommen, und neuerdings hat sich wie selbstverständlich auch Lidl überall breit gemacht. Im weiten Umkreis dieser gewaltigen Konsumtempel sind alltäglich gegen Abend sämtliche Straßen hoffnungslos verstopft, auch die von der EU finanzierte Querspange zwischen der Nord- und der Südautobahn. Die beiden Anschlussstellen an die Autobahnen wurden mit kanarischer Genialität konzipiert. Hier geht bei Hochbetrieb nichts, aber auch gar nichts mehr.

Einen Boom, dessen Ende nicht abzusehen war, hatte auch die Baubranche zu vermelden. Eine Statistik liegt mir leider nicht vor, aber ich glaube dennoch, mit Fug und Recht sagen zu dürfen, dass die Bebauung auf Teneriffa in den ersten zehn Jahren unserer dortigen Zeit um das Doppelte zugenommen hatte. Leider galt dies auch für das einst so liebliche Orotavatal. Im Jahr 1990 machte ich eine Panoramaaufnahme vom *Mirador de la Corona* aus. Zehn Jahre später machte ich mir die Mühe, die im Bild wiedergegebenen Verhältnisse mit der Wirklichkeit zu

vergleichen. Das Ergebnis war ein einziger Schock!
Ein weiterer Schock war nach vielen Jahren der Enthaltung ein Blick auf die neueste Tourismusstatistik. Auch hier hatten sich die Zahlen innerhalb von nur sechs oder sieben Jahren beinahe verdoppelt. Waren es früher einmal 2,3 Millionen Touristen, welche die Insel überfluteten, so kamen jetzt schon über 4,5 Millionen! Und die Herren vom Tourismusministerium waren sogar noch stolz auf diese Entwicklung.

Zu allem Überfluss stieg die Bettenauslastung bis zur Jahrtausendwende immer noch weiter an, und zwar von nur 65 % auf über 70 %! Aber die durchschnittliche Geldausgabe je Tourist ist gleichzeitig geschrumpft. Die Verantwortlichen auf Teneriffa haben also tatsächlich konsequent wider besseres Wissen die Devise 'Quantität statt Qualität' verfolgt. Das Ergebnis liegt auf der Hand: Die touristischen Einrichtungen auf der Insel sind eine Beute der Tour Operators geworden, deren Preisdiktat die meisten Hotels bis an ihre Existenzminima heruntergedrückt hat. Oftmals wurden nur noch an den Hotelbars nennenswerte Gewinne erwirtschaftet. Späterhin hörte das auch noch auf, weil plötzlich alles Inklusive war.

Als wandernde Inselkenner taten wir uns, wen wundert es angesichts der beschriebenen Entwicklungen, immer schwerer, noch Wege aufzuspüren, die so beschaulich und still geblieben sind, wie sie einmal waren. Fast überall begegneten uns ganze Wanderhorden von ASI, Timah, Neckermann und wie sie alle heißen mögen. Teneriffa kam uns nach all den paradiesisch schönen Jahren langsam aber immer sicherer vor wie eine Hure, die aus lauter Geldgier auch vor den allerschlimmsten Praktiken nicht haltmacht. Leider kann man es nicht anders konstatieren.

Wie schlimm es um unsere Insel wirklich stand, merkten wir an der Veränderung der Menschen. Die einstige Mañana-Mentalität tendierte plötzlich immer stärker in Richtung Hektik und Rücksichtslosigkeit. Dennoch, und auch das muss gesagt werden, es gab sie gottlob trotzdem noch in ausreichender Menge. Sie ist zum Glück in den Köpfen der meisten Tinerfeños noch lange nicht gänzlich ausgestorben. Leider aber in ihren Busfahrplänen, wo die so liebenswerten Zusätze *'más o menos'* hinter den Abfahrtszeiten längst ersatzlos gestrichen wurden.

Auf Rente in einem neuen Paradies

S eit Jahren schon stellten wir uns immer öfter die Gretchenfrage. Wohin wird der absolute Konsum- und Vermarktungsrausch die Insel noch führen? Wird eines schönen Tages ein Zustand erreicht werden, der ein weiteres Leben auf Teneriffa unerträglich macht?

Es ist sicherlich nicht einfach, dieses Problem aus heutiger Sicht treffsicher zu beurteilen. Aber es gab einige aussagefähige Kriterien, die berechtigten Anlass zur Sorge aufkommen ließen. Am konkretesten waren die landesplanerischen Ergüsse des *Cabildo de Tenerife*, der Inselregierung also. Diese gab 1998 eine CD-ROM mit sämtlichen insularen Detailplanungen heraus, welche kostenlos an Interessenten verteilt wurde. Auch ich habe mir ein Exemplar gesichert.

Danach schälten sich zwei Großräume heraus, in denen die ungezügelte Bautätigkeit erst dann enden würde, wenn alle Flächen aufgebraucht sind. Am krassesten sieht diese Perspektive an der Westküste aus. Dort würde in den nächsten Jahren ein durchgehendes Städteband von Los Gigantes bis Los Cristianos entstehen, dessen Grundstrukturen schon ansatzweise zu erkennen waren. Aber auch im Orotavatal wartet noch viel Arbeit auf die Bulldozer, denn auch hier sollten der Planung zufolge noch jede Menge Bananenplantagen das Zeitliche zugunsten von ausuferndem Siedlungsbrei segnen.

Wenn man bedenkt, dass die Bettenauslastung trotz des rasanten Zuwachses der Gästeankünfte seit der Jahrtausendwende konstant abgesunken ist, so drückt sich darin bereits aus, dass der Anstieg der Bettenkapazität durch Neubauten von Beherbergungsbetrieben astronomische Größenordnungen erreicht hatte. Es kamen jedes Jahr mehr Touristen auf die Inseln, aber die Zahl der Beherbergungsbetriebe war so stark angewachsen, dass jeder einzelne Betrieb von weniger Gästen besucht wurde!

Ganz offensichtlich wollten die Verantwortlichen der Insel ihre unfassbare Ankündigung wahr machen, trotz horrender Überkapazitäten bis zum Jahr 2010 insgesamt 662.000 Betten zu bauen! Dabei hatte doch der Umweltberater der kanarischen Regionalregierung, *Antonio Machado Carrillo*, in einer Studie festgestellt, dass nur 40.700 Betten für die Insel ökologisch verträglich sind. Aber als diese Studie veröffentlicht wurde, da gab es bereits an die 160.000 Betten auf Teneriffa. Die Insel der unbegrenzten Unmöglichkeiten machte auch vor offiziellen Stellen keineswegs halt.

Zum Glück merkte man beim Stand von 200.000 Betten im Jahr 2012, dass der Tourismusmarkt zukünftig keine so hohen Wachstumsmargen mehr hergeben würde, wie bislang angenommen. Die Herren *Canarios* mussten sich ihre hochtrabenden Schnapsideen angesichts einer auf 55 % abgesunkenen Bettenauslastung endlich wieder aus den geldgierigen

Hohlköpfen schlagen und auf diese Weise ihrer geschundenen, aber immer noch schönen Inselumwelt zu einer letzten Chance verhelfen.

Eine Abwanderung auf die nächste Insel war angesichts dieses Szenarios sicherlich eine verlockende Alternative. Wir hatten uns auch schon gründlich auf unseren Nachbarinseln umgesehen. Danach käme eigentlich nur La Gomera in Frage, weil diese liebenswerte Insel so nah bei Teneriffa liegt. Dort könnte man alle Szenarien hinter sich lassen, mit denen man es auf Teneriffa mittlerweile zu tun hatte. Trotzdem wäre man mit dem Schnellboot in nur 35 Minuten in der benachbarten Großstadt Teneriffa, sei es, wenn Versorgungsengpässe auftreten oder ganz einfach mal ein kurzes Bad in der Großstadt Not tut.

Aber daraus wurde leider nichts, denn diese kleine Nachbarin wurde wenig später vom Tagestourismus regelrecht erdrückt. Die täglichen Schiffsraumkapazitäten nach Teneriffa wurden innerhalb kürzester Zeit vervielfacht, und Fahrtzeitverkürzungen von einer Stunde durch den Einsatz schneller Katamarane bewirkten alles weitere.

Und dann war da noch die Wohnsituation. Wir hatten in den 12 Jahren Teneriffa genügend Geld gespart, um an den Erwerb eines eigenen Hauses zu denken. Das aber war unter den damals bereits eingetretenen Bedingungen nicht mehr möglich. Zum einen liefen die Preise schneller davon, als wir sparen konnten. Zum anderen aber wurde ein Baustopp im freien Gelände verhängt. Eine sehr kluge Entscheidung der Inselregierung, denn so wurde gottlob eine weitere Zersiedelung der Landschaft abgewendet. Ein Hausbau war somit nur innerhalb der phantasielosen Dörfer und Städte möglich, wo man als Mitteleuropäer nicht einmal nachts seine Ruhe finden kann. Kläffende, weil gänzlich unbeaufsichtigte Köter, lautes Autogehupe, knatternde Mopeds und sonstige Ruhestörungen sind hier die absolute Regel.

Schließlich verließen wir die Insel und fanden unser endgültiges Ziel in den andalusischen Bergen der Bethischen Kordillere. Unser nächster Nachbar ist hier am bequemsten mit dem Jeep zu erreichen, und unser Rauhaardackel kann gefahrlos inmitten unberührter Natur seiner Wege gehen, ohne überfahren zu werden.

Hasta luego, Tenerife! Gerne kommen wir jedes Jahr zurück, um auf unserer geliebten Insel Urlaub von den andalusischen Bergen zu machen. Alleine schon deswegen, um die herrliche Gastronomie und unsere kanarischen Freunde so oft wie möglich genießen zu können. Unser Dackel ist das Fliegen schon längst gewohnt, und er weiß auch, dass er auf Teneriffa an der Leine laufen muss.